N.° 65

LA TRAGÉDIE

DE

SÉMIRAMIS,

Et quelques autres piéces de littérature.

Gravé par de Lafosse.

A PARIS,

Chez P. G. Le Mercier, Imprimeur-Libraire,
rue S. Jacques, au Livre d'or.
Et chez Michel Lambert, Libraire.

M. DCC. XLIX.

DISSERTATION

SUR LA TRAGEDIE

ANCIENNE ET MODERNE,

A

SON ÉMINENCE

MONSEIGNEUR

LE CARDINAL QUERINI,

NOBLE VENITIEN, EVÊQUE DE BRESCIA.

BIBLIOTHÉCAIRE DU VATICAN.

MONSEIGNEUR,

IL étoit digne d'un génie tel que le vôtre, & d'un homme qui est à la tête de la plus ancienne bibliothéque du monde, de vous

A

donner tout entier aux lettres. On doit
voir de tels Princes de l'Eglife fous un Pontife qui a éclairé le monde chrétien avant
de le gouverner. Mais fi tous les lettrés vous
doivent de la reconnoiffance, je vous en
dois plus que perfonne, après l'honneur que
vous m'avez fait de traduire en fi beaux vers
la Henriade & le poëme de Fontenoy. Les
deux héros vertueux que j'ai célébrés font
devenus les vôtres. Vous avez daigné m'em-
bélir pour rendre encore plus refpectables
aux nations les noms de Henry IV. & de
Louis XV. & pour étendre de plus en plus
dans l'europe le goût des arts.

Parmi les obligatious que toutes les nations modernes ont aux Italiens, & furtout
aux premiers Pontifes & à leurs miniftres,
il faut compter la culture des belles-lettres
par qui furent adoucies peu à peu les mœurs
féroces & groffieres de nos peuples fepten-
trionaux, & aufquelles nous devons aujour-
d'hui notre politeffe, nos délices & notre
gloire.

C'eft fous le grand Leon X. que le théâtre
grec renâquit ainfi que l'éloquence ; la
Sophonisbe du célèbre prélat Triffino nonce
du Pape eft la premiere tragédie réguliere
que l'europe ait vûe après tant de fiécles
de barbarie : comme la *Calandra* du cardinal Bibiena avoit été auparavant la pre-

miere comédie dans l'Italie moderne. Vous
fûtes les premiers qui élevâtes de grands
théâtres , & qui donnâtes au monde quelque
idée de cette fplendeur de l'ancienne Gréce
qui attiroit les nations étrangeres à fes fo-
lemnités , & qui fut le modéle des peuples
en tous les genres.

Si votre nation n'a pas toujours égalé les
anciens dans le tragique , ce n'eft pas que
votre langue harmonieufe, féconde & flexi-
ble , ne foit propre à tous les fujets ; mais
il y grande apparence que les progrès que
vous avez faits dans la mufique , ont nui
enfin à ceux de la véritable tragédie. C'eft
un talent qui a fait tort à un autre.

Permettez que j'entre avec votre Eminence dans une difcuffion littéraire. Quelques perfonnes , accoutumées au ftile des
epitres dédicatoires , s'étonneront que je
me borne ici à comparer les ufages des Grecs
avec les modernes, au lieu de comparer les
grands hommes de l'antiquité avec ceux de
votre maifon ; mais je parle à un favant , à
un fage , à celui dont les lumieres doivent
m'éclairer , & dont j'ai l'honneur d'être le
confrere dans la plus ancienne académie
de l'europe , dont les membres s'occupent
fouvent de femblables recherches ; je parle
enfin à celui qui aime mieux me donner
des inftructions que de recevoir des éloges.

PREMIERE PARTIE.

Des tragédies greques imitées par quelques opera italiens & français.

UN célebre auteur de votre nation, dit que depuis les beaux jours d'Athenes, la tragédie errante & abandonnée, cherche de contrée en contrée quelqu'un qui lui donne la main & qui lui rende ſes premiers honneurs, mais qu'elle n'a pu le trouver.

S'il entend qu'aucune nation n'a de théâtres, où des chœurs occupent preſque toujours la ſcene & chantent des ſtrophes, des épodes & des antiſtrophes accompagnées d'une danſe grave; qu'aucune nation ne fait paraitre ſes acteurs ſur des eſpéces d'échaſſes, & ne couvre leur viſage d'un maſque qui exprime la douleur d'un côté & la joye de l'autre; que la déclamation de nos tragédies n'eſt point notée & ſoutenue par des fluttes, il a ſans doute raiſon, & je ne ſçai ſi c'eſt à notre déſavantage. J'ignore ſi la forme de nos tragédies, plus raprochée de la nature, ne vaut pas celle des Grecs qui avoit un apareil plus impoſant,

Si cet auteur veut dire qu'en général ce
grand art n'eſt pas auſſi conſidéré depuis la
renaiſſance des lettres, qu'il l'étoit autrefois; qu'il y a en Europe des nations qui
ont quelquefois uſé d'ingratitude envers
les ſucceſſeurs des Sophocles & des Euripi-
des, que nos théâtres ne ſont point de ces
édifices ſuperbes dans qui les Athéniens
mettoient leur gloire; que nous ne prenons
pas les mêmes ſoins qu'eux de ces ſpectacles
qui ſont devenus ſi néceſſaires dans nos
villes immenſes: on doit être entierement
de ſon opinion. *Et ſapit , & mecum facit ,*
& jove judicat æquo.

Où trouver un ſpectacle qui nous donne
une image de la ſcene grecque ? c'eſt peut-
être dans vos tragédies, nommées opéra,
que cette image ſubſiſte. Quoi , me dira-
t'on , un opéra italien auroit quelque reſ-
ſemblance avec le théâtre d'Athenes ! Oui.
Le récitatif italien eſt préciſément la mélopée des anciens, c'eſt cette déclamation
notée & ſoutenue par des inſtrumens de
muſique. Cette mélopée qui n'eſt ennuieuſe
que dans vos mauvaiſes *tragédies opéra ,*
eſt admirable dans vos bonnes piéces. Les
chœurs que vous y avez ajoûtés depuis quelques années, & qui ſont liés eſſentiellement
au ſujet, approchent d'autant plus des chœurs
des anciens , qu'ils ſont exprimés avec une

muſique différente du récitatif, comme, la
ſtrophe, l'épode & l'antiſtrophe étoient chantées chez les Grecs tout autrement que la
mélopée des ſcenes. Ajoûtez à ces reſſem-
blances que dans pluſieurs *tragédies opéra*
du célébre abbé Metaſtaſio, l'unité de lieu,
d'action & de tems, ſont obſervées : ajoûtez
que ces piéces ſont pleines de cette poëſie
d'expreſſion, & de cette élégance continue,
qui embelliſſent le naturel ſans jamais le
charger, talent que depuis les Grecs le
ſeul Racine a poſſedé parmi nous, & le ſeul
Adiſſon chez les Anglais.

Je ſçai que ces tragédies ſi impoſantes
par les charmes de la muſique & par la
magnificence du ſpectacle, ont un défaut
que les Grecs ont toujours évité ; je ſçai que
ce défaut a fait des monſtres des piéces les
plus belles, & d'ailleurs les plus régulieres :
il conſiſte à mettre dans toutes les ſcenes de
ces petits airs coupés, de ces ariétes déta-
chées qui interrompent l'action, & qui font
valoir les fredons d'une voix efféminée, mais
brillante au dépens de l'intérêt & du bon
ſens. Le grand auteur que j'ai déja cité &
qui a tiré beaucoup de ſes piéces de notre
théâtre tragique, a remédié, à force de génie,
à ce défaut qui eſt devenu une néceſſité.
Les paroles de ſes airs détachés ſont ſouvent
des embelliſſemens du ſujet même ; elles

font paffionnées, elles font quelquefois
comparables aux plus beaux morceaux des
odes d'Horace, j'en apporterai pour preuve
cette ftrophe touchante que chante Arbace
accufé & innocent.

Vo folcando un mar crudele

Senza vele

E fenza farte.

Freme l'onda, il ciel s'imbruna,

Crefce il vento e manca l'arte :

E il voler della fortuna

Son coftretto a feguitar.

Infelice in quello ftato,

Son da tutti abbandonato ;

Meco fola è l'innocenza

Che mi porta a naufragar.

J'y ajouterai encore cette autre ariéte fu-
blime que débite le roi des Parthes vaincu
par Adrien, quand il veut faire fervir fa
défaite même à fa vengeance.

Sprezza il furor del vento

Robufta quercia auvezza

Di cento venti è cento

L'injurie a tolerar.

E fe pur cade al fuolo,

Spiega per l'onde il volo ;

A iv

E con quel vento iſteſſo
Va contraſtando il mar.

Il y en a beaucoup de cette eſpece, mais
que font des beautés hors de place?Et qu'au-
roit-on dit dans Athenes ſi Œdipe & Oreſte
avoient, au moment de la reconnaiſſance,
chanté des petits airs fredonnés, & débité
des comparaiſons à Electre & à Jocaſte ? Il
faut donc avouer que l'opera, en ſéduiſant
les Italiens par les agrémens de la muſique, a détruit d'un côté la véritable
tragédie grecque qu'il faiſoit renaître de
l'autre.

Notre opera français nous devoit faire
encore plus de tort ; notre mélopée rentre
bien moins que la vôtre dans la déclamation naturelle ; elle eſt plus languiſſante ;
elle ne permet jamais que les ſcenes ayent
leur juſte étendue ; elle exige des dialogues
courts en petites maximes coupées, dont
chacune produit une eſpece de chanſon.

Que ceux qui font au fait de la vraie littérature des autres nations, & qui ne bor-
nent pas leur ſcience aux airs de nos bal-
lets, ſongent à cette admirable ſcene dans
la Clemenza di Tito, entre Titus & ſon
favori, qui a conſpiré contre lui ; je veux
parler de cette ſcene où Titus dit à Seſtus
ces paroles divines :

Siam foli, il tuo Sovrano,
Non è prefente ; apri il tuo core à Tito,
Confida ti all' amico ; io ti prometto
Qu'Augufto n'ol faprà.

Qu'ils relifent le monologue fuivant où
Titus dit ces autres paroles qui doivent
être l'éternelle leçon de tous les rois, & le
charme de tous les hommes.

.... Il torre' altrui la vita
E facolta commune
Al piu vil della terra ; il dar la è folo
De' numi, & de' regnanti.

Ces deux fcenes comparables à tout ce
que la Grece a eu de plus beau, fi elles ne
font pas fupérieures ; ces deux fcenes dignes
de Corneille, quand il n'eft pas décla-
mateur, & de Racine, quand il n'eft pas
faible ; ces deux fcenes qui ne font pas fondées fur un amour d'opera, mais fur les
plus nobles fentimens du cœur humain, ont
une durée trois fois plus longue au moins
que les fcenes les plus étendues de nos
tragédies en mufique. De pareils morceaux
ne feroient pas fupportés fur notre théâtre
lyrique, qui ne fe foutient guéres que par
des maximes de galanterie, & par des paffions manquées, à l'exception d'Armide,

& des belles fcenes d'Iphigénie, ouvrages plus admirables qu'imités.

Parmi nos défauts nous avons, comme vous, dans nos opera les plus tragiques, une infinité d'airs détachés, mais qui font plus défectueux que les vôtres, parce qu'ils font moins liés au fujet. Les paroles y font prefque toujours afiervies aux muficiens, qui ne pouvant exprimer dans leurs petites chanfons les termes mâles & énergiques de notre langue, éxigent des paroles efféminées, oifives, vagues, étrangeres à l'action,& ajoutées comme on peut à de petits airs mefurés,femblables à ceux qu'on appelle à Venife *Barcarole*. Quel rapport, par exemple, entre Thefée reconnu par fon pere fur le point d'être empoifonné par lui, & ces ridicules paroles..

> Le plus fage
> S'enflamme & s'engage
> Sans favoir comment.

Malgré ces défauts, j'ofe encore penfer que nos bonnes tragédies opera, telles qu'Atis, Armide,Thefée, étoient ce qui pouvoit donner parmi nous quelque idée du théâtre d'Athenes, parce que ces tragédies font chantées comme celles des Grecs ; parce que le chœur, tout vicieux qu'on l'a rendu, tout fade panégyrifte qu'on l'a fait de la morale amoureufe, reffemble pourtant à celui

des Grecs, en ce qu'il occupe souvent la
ſcene. Il ne dit pas ce qu'il doit dire, il
n'enſeigne pas la vertu, *& regat iratos &*
amet peccare timentes ; mais enfin il faut
avouer que la forme des tragédies opera
nous retrace la forme de la tragédie greque à quelques égards. Il m'a donc paru en
général, en conſultant les gens de lettres
qui connoiſſent l'antiquité, que ces tragédies opera ſont la copie & la ruine de la
tragédie d'Athenes. Elles en ſont la copie
en ce qu'elles admettent la mélopée, les
chœurs, les machines, les divinités : elles en
ſont la deſtruction, parce qu'elles ont ac-
coutumé les jeunes gens à ſe connaître en
ſons plus qu'en eſprit, à préférer leurs
oreilles à leur ame, des roulades à des penſées ſublimes, à faire valoir quelquefois les
ouvrages les plus inſipides & les plus mal
écrits, quand ils ſont ſoutenus par quelques airs qui nous plaiſent. Mais, malgré
tous ces défauts, l'enchantement qui ré-
ſulte de ce mêlange heureux de ſcenes,
de chœurs, de danſes, de ſimphonie, & de
cette variété de décorations, ſubjugue juſqu'au critique même ; & la meilleure comédie, la meilleure tragédie n'eſt jamais
fréquentée par les mêmes perſonnes auſſi
aſſidument qu'un opera médiocre. Les
beautés régulieres, nobles, ſévéres, ne ſont

pas les plus recherchées par le vulgaire; si on représente une ou deux fois Cinna, on joue trois mois les Fêtes vénitiennes : un poëme épique est moins lû que des épigrammes licentieuses; un petit roman sera mieux débité que l'histoire du Président de Thou. Peu de particuliers font travailler de grands peintres; mais on se dispute des figures estropiées qui viennent de la Chine, & des ornemens fragiles. On dore, on vernit des cabinets, on néglige la noble architecture; enfin dans tous les genres, les petits agrémens l'emportent sur le vrai mérite.

SECONDE PARTIE.

De la tragédie française comparée à la tragédie gréque.

HEUREUSEMENT la bonne & vraie tragédie parut en France avant que nous eussions ces opéra qui auroient pû l'étouffer. Un auteur nommé Mairet fut le premier qui en imitant la Sophonisbe du Trissino, introduisit la régle des trois unités, que vous avez prises des Grecs. Peu à peu notre scene s'épura, & se défit de l'indécence & de la barbarie qui deshonoroient alors tant de théâtres , & qui fervoient d'excufe à ceux dont la févérité peu éclairée condamnoit tous les fpectacles.

Les acteurs ne parurent pas élevés comme à Athénes , fur des cothurnes qui étoient de véritables échaffes ; leur vifage ne fut pas caché fous de grands mafques dans lefquels des tuyaux d'airain rendoient les fons de la voix plus frapans & plus terribles. Nous ne pûmes avoir la mélopée des Grecs. Nous nous réduisîmes à la fimple déclamation harmonieufe , ainfi que vous en aviez d'abord ufé. Enfin nos tragédies devinrent une imitation plus vraie de la nature. Nous fubftituâmes l'hiftoire à la fable greque. La politique , l'ambition , la jaloufie , les fureurs de l'amour régnerent fur nos théâtres. Augufte , Cinna , Cefar , Cornélie , plus refpectables que des héros fabuleux , parlerent fouvent fur notre fcene , comme ils auroient parlé dans l'ancienne Rome.

Je ne prétends pas que la fcene françaife l'ait emporté en tout fur celle des Grecs , & doive la faire oublier. Les inventeurs ont toujours la premiere place dans la mémoire des hommes ; mais quelque refpect qu'on ait pour ces premiers génies , cela n'empêche pas que ceux qui les ont fuivis ne faffent fouvent beaucoup plus de plaifir. On refpecte Homere, mais on lit le Taffe ; on trouve dans lui beaucoup de beautés qu'Homere n'a point connues. On admire Sophocle , mais combien de nos bons auteurs tragiques ont-ils des traits de maître que Sophocle eût fait gloire d'imiter, s'il fût venu après eux ? Les Grecs auroient appris de nos grands modernes à faire des expofitions plus adroites , à lier les fcenes les unes aux autres par cet art imperceptible qui ne laiffe jamais le théâtre vuide, & qui fait venir & fortir avec raifon les perfonnages ; c'eft à quoi les anciens ont fouvent manqué , & c'eft en quoi le Triffino les a malheureufement imités.

Je maintiens, par exemple, que Sophocle & Euripide euffent regardé la premiere fcene de Bajazet comme une école où ils auroient profité, en voyant un vieux général d'armée annoncer, par les queftions qu'il fait, qu'il médite une grande entreprife.

Que faifoient cependant nos braves Janiffaires ,
Rendent-ils au Sultan , des hommages finceres ,
Dans le fecret des cœurs Ofmin n'as-tu rien lû ?

Et le moment d'après :

Crois-tu qu'ils me fuivroient encor avec plaifir,
Et qu'ils reconnoîtroient la voix de leur Vifir ?

Ils auroient admiré comme ce conjuré dé-

veloppe enſuite ſes deſſeins, & rend compte
de ſes actions. Ce grand mérite de l'art n'é-
toit point connu aux inventeurs de l'art.
Le choc des paſſions, ces combats de ſen-
timens oppoſés, ces diſcours animés de rivaux & de rivales, ces querelles, ces bra-
vades, ces plaintes réciproques, ces con-
teſtations intéreſſantes, où l'on dit ce que
l'on doit dire ; ces ſituations ſi bien ména-
gées les auroient étonnés ; ils euſſent trouvé
mauvais peut-être qu'Hippolite ſoit amoureux aſſez froidement d'Aricie, & que ſon
gouverneur lui faſſe des leçons de galanterie, qu'il diſe :

> Vous-même où ſeriez-vous,
> Si toujours votre mere à l'amour oppoſée,
> D'une pudique ardeur n'eût brulé pour Theſée.

Paroles tirées du Paſtor Fido, & bien plus
convenables à un berger qu'au gouverneur
d'un prince : mais ils euſſent été ravis en ad-
miration en entendant Phedre s'écrier,

> Œnone, qui l'eût cru, j'avois une rivale.
> ......Hippolite aime, & je n'en peux douter.
> Ce farouche ennemi qu'on ne pouvoit dompter,
> Qu'offenſoit le reſpect, qu'importunoit la plainte,
> Ce tigre que jamais je n'abordai ſans crainte,
> Soumis, apriviſé, reconnoît un vainqueur.

Ce deſeſpoir de Phedre en découvrant ſa

rivale, vaut certainement un peu mieux que
la satire des femmes savantes, que fait si
longuement & si mal-à-propos l'Hippolite
d'Euripide, qui devient là un mauvais per-
sonnage de comédie. Les Grecs auroient sur-
tout été surpris de cette foule de traits su-
blimes qui étincellent de toutes parts dans
nos modernes. Quel effet ne feroit point
sur eux ce vers?

> Que vouliez-vous qu'il fît contre trois? qu'il
>   mourut.

Et cette réponse peut être encore plus belle
& plus passionnée que fait Hermione à
Oreste, lors qu'après avoir exigé de lui la
mort de Pirrhus qu'elle aime, elle apprend
malheureusement qu'elle est obéie, elle s'é-
crie alors:

> Pourquoi l'assassiner, qu'a-t-il fait, à quel titre,
> Qui te l'a dit?

ORESTE.

> O Dieux, quoi ne m'avez-vous pas
> Vous-même ici tantôt ordonné son trépas?

HERMIONE.

> Ah! falloit-il en croire une amante insensée?

Je citerai encore ici ce que dit César,
quand on lui présente l'urne qui renferme
les cendres de Pompée.

Restes

Reftes d'un demi-Dieu, dont à peine je puis
Egaler le grand nom, tout vainqueur que j'en fuis.

Les Grecs ont d'autres beautés, mais je m'en rapporte à vous, Monseigneur, ils n'en ont aucune de ce caractere.

Je vais plus loin, & je dis que ces Hommes qui étoient fi paffionnés pour la liberté, & qui ont dit fi fouvent qu'on ne peut penfer avec hauteur que dans les républiques, apprendroient à parler dignement de la liberté même, dans quelques-unes de nos piéces, tout-crites qu'elles font dans le fein d'une monarchie.

Les modernes ont encore, plus fréquemment que les Grecs, imaginé des fujets de pure invention. Nous eûmes beaucoup de ces ouvrages du temps du cardinal de Richelieu, c'étoit fon goût, ainfi que celui des Efpagnols : il aimoit qu'on cherchât d'abord à peindre des mœurs & à arranger une intrigue, & qu'enfuite on donnât des noms aux perfonnages, comme on en ufe dans la comédie; c'eft ainfi qu'il travailloit lui-même, quand il vouloit fe délaffer du poids du miniftere. Le Vinceffas de Rotrou eft entierement dans ce goût, & toute cette hiftoire eft fabuleufe. Mais l'Auteur voulut peindre un jeune homme fougueux dans fes paffions, avec un mélange de

B

bonnes & de mauvaiſes qualités ; un pere
tendre & faible ; & il a réuſſi dans quelques parties de ſon ouvrage. Le Cid &
Héraclius tirés des Eſpagnols, ſont encore
des ſujets feints ; il eſt bien vrai qu'il y a
eu un empereur nommé Héraclius , un capitaine eſpagnol qui eut le nom de Cid ,
mais preſqu'aucunes des avantures qu'on
leur attribue n'eſt véritable. Dans Zaïre &
dans Alzire , ſi j'oſe en parler , (& je n'en
parle que pour donner des exemples connus) tout eſt feint juſqu'aux noms. Je ne
conçois pas après cela , comment le pere
Brumoy a pu dire dans ſon théâtre des
Grecs , que la tragédie ne peut ſouffrir
de ſujets feints , & que jamais on ne prit
cette liberté dans Athênes. Il s'épuiſe à
chercher la raiſon d'une choſe qui n'eſt pas ;
« Je crois en trouver une raiſon , *dit-il* ,
» dans la nature de l'eſprit humain : il n'y a
» que la vraiſemblance dont il puiſſe être
» touché. Or il n'eſt pas vraiſemblable que
» des faits auſſi grands que ceux de la
» tragédie ſoient abſolument inconnus ;
» ſi donc le poëte invente tout le ſujet
» juſqu'aux noms , le ſpectateur ſe révolte ,
» tout lui paroît incroyable , & la piéce
» manque ſon effet , faute de vraiſem-
» blance. »

Premierement , il eſt faux que les Grecs

se soient interdits cette espece de tragédie.
Aristote dit expressément qu'Agathon s'étoit
rendu très-célébre dans ce genre. Seconde-
ment il est faux que ces sujets ne réussissent
point ; l'expérience du contraire dépose contre le pere Brumoy. En troisiéme lieu , la
raison qu'il donne du peu d'effet que ce
genre de tragédie peut faire , est encore très-
fausse : c'est assurément ne pas connoître le
cœur humain , que de penser qu'on ne peut
le remuer par des fictions. En quatriéme
lieu , un sujet de pure invention , & un
sujet vrai, mais ignoré , sont absolument
la même chose pour les spectateurs : &
comme notre Scène embrasse des sujets de
tous les temps & de tous les pays , il faudroit qu'un spectateur allât consulter tous
les livres , avant qu'il sçût si ce qu'on lui
représente est fabuleux ou historique : il ne
prend pas assurément cette peine ; il se laisse
attendrir quand la piéce est touchante , &
il ne s'avise pas de dire, en voyant *Polieucte* ,
je n'ai jamais entendu parler de Sévere &
de Pauline , ces gens-là ne doivent pas me
toucher.

Le pere Brumoy devoit seulement re-
marquer que les piéces de ce genre sont
beaucoup plus difficiles à faire que les autres. Tout le caractere de Phedre étoit déja
dans Euripide ; sa déclaration d'amour dans

Séneque le tragique : toute la fcène d'Augufte
& de Cinna dans Séneque le philofophe;
mais il falloit tirer Sévere & Pauline de fon
propre fonds. Au refte, fi le pere Brumoy
s'eft trompé dans cet endroit & dans quelques autres, fon livre eft d'ailleurs un des
meilleurs & des plus utiles que nous ayons,
& je ne combats fon erreur qu'en eftimant
fon travail & fon goût.

Je reviens, & je dis que ce feroit manquer
d'ame & de jugement, que de ne pas avouer
combien la fcène françaife eft au-deffus de
la fcène greque, par l'art de la conduite,
par l'invention, par les beautés de détail,
qui font fans nombre.

Mais auffi on feroit bien partial & bien
injufte, de ne pas tomber d'accord que la
galanterie a prefque par-tout affaibli tous
les avantages que nous avons d'ailleurs.

Il faut convenir que, d'environ quatre
cent tragédies qu'on a données au théâtre,
depuis qu'il eft en poffeffion de quelque
gloire en France, il n'y en a pas dix ou
douze qui ne foient fondées fur une intrigue
d'amour, plus propre à la comédie qu'au
genre tragique. C'eft prefque toujours la
même piéce, le même nœud, formé par
une jaloufie & une rupture, & dénoué
par un mariage; c'eft une coquetterie
continuelle; une fimple comédie, où des

princes font acteurs , & dans laquelle il
y a quelquefois du fang répandu pour la
forme.

La plupart de ces piéces reffemblent fi
fort à des comédies , que les acteurs
étoient parvenus , depuis quelque temps ,
à les réciter du ton dont ils jouent les
piéces qu'on appelle du haut comique ;
ils ont par-là contribué à dégrader encore
la Tragédie : la pompe & la magnificence
de la déclamation ont été mifes en oubli.
On s'eft piqué de réciter des vers comme
de la profe , on n'a pas confidéré qu'un
langage au-deffus du langage ordinaire ,
doit être débité d'un ton au-deffus du ton
familier. Et fi quelques Acteurs ne s'étoient
heureufement corrigé de ces défauts , la
tragédie ne feroit bientôt , parmi nous ,
qu'une fuite de converfations galantes ,
froidement récitées : auffi , n'y a-t-il pas
encore long-temps que parmi les acteurs de
toutes les troupes , les principaux rôles
dans la tragédie , n'étoient connus que fous
le nom de *l'Amoureux & de l' Amoureufe*.
Si un étranger avoit demandé dans Athenes ,
Quel eft votre meilleur acteur pour les
amoureux dans Iphigénie , dans Hécube ,
dans les Héraclides , dans Œdipe & dans
Electre ? on n'auroit pas même compris le
fens d'une telle demande. La fcène fran-

çaife s'eft lavée de ce reproche par quelques
tragédies , où l'amour eft une paffion fu-
rieufe & terrible , & vraiment digne du
théâtre , & par d'autres , où le nom d'a-
mour n'eft pas même prononcé. Jamais
l'amour n'a fait verfer tant de larmes que
la nature. Le cœur n'eft qu'effleuré, pour
l'ordinaire , des plaintes d'une amante ;
mais il eft profondément attendri de la
douloureufe fituation d'une mere , prête
de perdre fon fils ; c'eft donc affurément
par condefcendance pour fon ami , que
Defpréaux difoit :

...... de l'amour la fenfible peinture ,
Eft pour aller au cœur la route la plus sûre.

La route de la nature eft cent fois plus sûre ,
comme plus noble ; les morceaux les plus
frappans d'Iphigénie, font ceux où Clitem-
neftre défend fa fille , & non pas ceux où
Achille défend fon amante.

On a voulu donner dans Sémiramis un
fpectacle encore plus pathétique que dans
Mérope ; on y a déployé tout l'appareil
de l'ancien théâtre grec. Il feroit trifte ,
après que nos grands maîtres ont furpaffé
les Grecs en tant de chofes dans la tragédie, que notre nation ne pût les égaler
dans la dignité de leurs repréfentations.
Un des grands obftacles qui s'oppofent fur

notre théâtre , à toute action grande &
pathétique , est la foule des spectateurs ,,
confondue sur la scène avec les acteurs ;.
cette indécence se fit sentir particulierement.
à la premiere représentation de Sémiramis..
La principale actrice de Londres , qui
étoit présente à ce spectacle , ne revenoit
point de son étonnement : elle ne pouvoit
concevoir comment il y avoit des hommes
assez ennemis de leurs plaisirs , pour gâter
ainsi le spectacle sans en jouir. Cet abus
a été corrigé dans la suite aux représenta-
tions de Sémiramis , & il pourroit aisément
être suprimé pour jamais. Il ne faut pas s'y
méprendre , un inconvénient tel que celui-
là seul , a suffi pour priver la France de
beaucoup de chefs-d'œuvres qu'on auroit
sans doute hazardés , si on avoit eû un
théâtre libre , propre pour l'action , & tel
qu'il est chez toutes les autres nations de
l'europe..

Mais ce grand défaut n'est pas assurément le seul qui doive être corrigé. Je ne
peux assez m'étonner ni me plaindre du
peu de soin qu'on a en France de rendre
les théâtres dignes des excellens ouvrages
qu'on y représente , & de la nation qui
en fait ses délices. Cinna , Athalie , méritoient d'être représentés ailleurs que dans
un jeu de paume , au bout duquel on a

élevé quelques décorations du plus mauvais goût , & dans lequel les fpectateurs
font placés contre tout ordre & contre
toute raifon, les uns debout, fur le théâtre
même, les autres debout , dans ce qu'on
appelle parterre, où ils font gênés & preffés
indécemment, & où ils fe précipitent quelquefois en tumulte les uns fur les autres,
comme dans une fédition populaire. On re-
préfente au fond du Nord, nos ouvrages
dramatiques dans des falles mille fois plus
magnifiques , mieux entendues , & avec
beaucoup plus de décence.

Que nous fommes loin, fur-tout de l'intelligence & du bon goût qui regne en ce
genre dans prefque toutes vos villes d'Italie?
Il eft honteux de laiffer fubfifter encore ces
reftes de barbarie dans une ville fi grande,
fi peuplée , fi opulente & fi polie. La di-
xiéme partie de ce que nous dépenfons tous
les jours en bagatelles auffi magnifiques
qu'inutiles & peu durables , fuffiroit pour
élever des monumens publics en tous les
genres , pour rendre Paris auffi magnifique
qu'il eft riche & peuplé , & pour l'égaler un
jour à Rome, qui eft notre modéle en tant
de chofes. C'étoit un des projets de l'immor-
tel Colbert. J'ofe me flatter qu'on pardon-
nera cette petite digreffion à mon amour
pour les arts & pour ma patrie. Et que peut-
être

être même un jour elle infpirera aux magiftrats qui font à la tête de cette ville , la
noble envie d'imiter les magiftrats d'Athènes & de Rome, & ceux de l'Italie moderne.

Un théatre conftruit felon les régles doit
être très vafte ; il doit repréfenter une partie
d'une place publique , le périftile d'un palais , l'entrée d'un temple. Il doit être fait
de forte qu'un perfonnage vû par les fpectateurs , puiffe ne l'être point par les autres
perfonnages felon le befoin. Il doit en impofer aux yeux qu'il faut toujours féduire
les premiers. Il doit être fufceptible de la
pompe la plus majeftueufe. Tous les fpectateurs doivent voir & entendre également,
en quelqu'endroit qu'ils foient placés. Comment cela peut-il s'exécuter fur une fcene
étroite au milieu d'une foule de jeunes gens
qui laiffent à peine dix pieds de place aux acteurs ? De-là vient que la plupart des piéces
ne font que de longues converfations ; toute
action théatrale eft fouvent manquée &
ridicule. Cet abus fubfifte comme tant d'autres , par la raifon qu'il eft établi, & parce
qu'on jette rarement fa maifon par terre
quoiqu'on fache qu'elle eft mal tournée.
Un abus public n'eft jamais corrigé qu'à
la dernière extrémité. Au refte, quand je
parle d'une action théatrale , je parle d'un
appareil , d'une cérémonie, d'une affemblée,

C

d'un événement néceffaire à la piéce , & non pas de ces vains fpectacles plus puériles que pompeux , de ces reffources du décorateur qui fuppléent à la ftérilité du poëte , & qui amufent les yeux , quand on ne fçait pas parler aux oreilles & à l'ame. J'ai vû à Londres une piéce où l'on repréfentoit le couronnemen du roi d'Angleterre, dans toute l'éxactitude poffible. Un chevalier armé de toutes piéces entroit à cheval fur le théatre. J'ai quelquefois entendu dire à des étrangers : *Ah ! le bel opera que nous avons eû ; on y voyoit paffer au galop plus de deux cens gardes.* Ces gens-là ne favoient pas que quatre beaux vers valent mieux dans une piéce qu'un régiment de cavalerie. Nous avons à Paris une troupe comique étrangère , qui ayant rarement de bons ouvrages à repréfenter , donne fur le théatre des feux d'artifice. Il y a longtems qu'Horace , l'homme de l'antiquité qui avoit le plus de goût , a condamné ces fottifes qui leurent le peuple.

Effeda feftinant , pilenta , petorrita , naves ;
Captivum portatur ebur captiva Corinthus.
Si foret in terris , rideret Democritus ;
Spectaret populum ludis attentius ipfis.

TROISIÈME PARTIE.

De Sémiramis.

PAR tout ce que je viens d'avoir l'honneur de vous dire, MONSEIGNEUR, vous voyez que c'étoit une entreprise assez hardie de représenter Sémiramis assemblant les ordres de l'état pour leur annoncer son mariage ; l'ombre de Ninus sortant de son tombeau pour prévenir un inceste & pour venger sa mort ; Sémiramis entrant dans ce mausolée, & en sortant expirante, & percée de la main de son fils. Il étoit à craindre que ce spectacle ne révoltât : & d'abord, en effet, la plupart de ceux qui fréquentent les spectacles, accoutumés à des élégies amoureuses, se liguérent contre ce nouveau genre de tragédie. On dit qu'autrefois dans une ville de la grande Gréce, on proposoit des prix pour ceux qui inventeroient des plaisirs nouveaux. Ce fut ici tout le contraire. Mais quelques efforts qu'on ait fait pour faire tomber cette espéce de drame, vraiment terrible & tragique, on n'a pû y réussir ; on disoit & on écrivoit de tous côtés que l'on ne croit plus aux revenans, & que les apparitions des morts ne peuvent être que puériles aux yeux d'une nation éclairée. Quoi ! toute l'antiquité aura cru ces prodiges, & il ne fera pas permis de fe conformer à l'antiquité ? Quoi ! notre religion aura confacré ces coups extraordinaires de la Providence, & il feroit ridicule de les renouveller ?

Les Romains philofophes ne croyoient pas aux revenans du temps des empereurs, & cependant le jeune Pompée évoque une ombre dans la Pharfale. Les Anglais ne croyent pas affurément plus que les Romains aux revenans ; cependant ils voyent tous les jours avec plaifir dans la tragédie d'Hamlet, l'ombre d'un roi qui paraît fur le théâtre dans une occafion à peu près femblable à celle où l'on a vû à Paris le fpectre de Ninus. Je fuis bien loin affurément de juftifier en tout la Tragédie d'Hamlet ; c'eft une Piéce groffiére & barbare, qui ne feroit pas fupportée par la plus vile populace de France & d'Italie. Hamlet y devient fou au fecond acte, & fa maîtreffe devient folle au troifiéme ; le prince tue le pere de fa maîtreffe croyant tuer un rat, & l'héroïne fe jette dans la riviere. On fait fa foffe fur le théâtre ; des foffoyeurs difent des quolibets dignes d'eux en tenant dans leurs mains des têtes de morts ; le prince Hamlet répond à leurs

grossiéretés abominables par des folies non
moins dégoutantes ; pendant ce tems-là , un
des acteurs fait la conquête de la Pologne ;
Hamlet , sa mere , & son beau-pere boivent
ensemble sur le théâtre ; on chante à table ;
on s'y querelle ; on se bat ; on se tue ; on
croiroit que cet ouvrage est le fruit de l'imagination d'un Sauvage yvre. Mais parmi ces
absurdités grossiéres qui rendent encore aujourd'hui le théâtre anglais si absurde & si
barbare , on trouve dans Hamlet , par une
bizarerie encore plus grande , des traits su-
blimes , dignes des plus grands génies. Il
semble que la nature se soit plû à rassembler
dans la tête de Shakespear , ce qu'on peut
imaginer de plus fort & de plus grand , avec
ce que la grossiéreté sans esprit peut avoir
de plus bas & de plus détestable.

Il faut avouer que parmi les beautés qui
étincellent au milieu de ces horribles ex-
travagances , l'ombre du pere d'Hamlet est
un des coups de théâtre des plus frapans.
Il fait toujours un grand effet sur les Anglais , je dis sur ceux qui sont les plus ins-
truits , & qui sentent le mieux toute l'irré-
gularité de leur ancien théâtre. Cette ombre
inspiré plus de terreur à la seule lecture ,
que n'en fait naître l'apparition de Darius
dans la tragédie d'Echile , intitulée les
Perses. Pourquoi ? Parce que Darius , dans

Echile , ne paroît que pour annoncer les malheurs de fa famille ; au lieu que dans Shakefpear, l'ombre du pere d'Hamlet vient demander vengeance , vient révéler des crimes fecrets ; elle n'eft ni inutile , ni amenée par force ; elle fert à convaincre qu'il y a un pouvoir invifible , qui eft le maître de la nature. Les hommes qui ont tous un fonds de juftice dans le cœur, fouhaitent naturellement que le ciel s'intéreffe à venger l'innocence : on verra avec plaifir en tout temps & en tous pays , qu'un Etre fuprême s'occupe à punir les crimes de ceux que les hommes ne peuvent appeller en jugement ; c'eft une confolation pour le faible , c'eft un frein pour le pervers qui eft puiffant.

> Du ciel , quand il le faut , la juftice fuprême ,
> Sufpend l'ordre éternel , établi par lui-même :
> Il permet à la mort d'interrompre fes loix,
> Pour l'effroi de la terre , & l'exemple des rois.

Voilà ce que dit à Sémiramis le pontife de Babylone , & ce que le fucceffeur de Samuël auroit pû dire à Saül , quand l'ombre de Samuel vint lui annoncer fa condamnation.

Je vais plus avant , & j'ofe affirmer que lorfqu'un tel prodige eft annoncé dans le commencement d'une tragédie , quand il eft préparé , quand on eft parvenu enfin jufqu'au point de le rendre néceffaire, de le faire défirer même par les fpeçtateurs, il fe place alors au rang des chofes naturelles.

On fçait bien que ces grands artifices ne doivent pas être prodigués. *Nec Deus interfit, nifi dignus vindice nodus.* Je ne voudrois pas affurément, à l'imitation d'Euripide, faire defcendre Diane, à la fin de la tragédie de Phedre, ni Minerve dans l'Iphigénie en Tauride. Je ne voudrois pas, comme Shakefpear, faire apparaître à Brutus fon mauvais génie. Je voudrois que de telles hardieffes ne fuffent employées que quand elles fervent à la fois à mettre dans la piéce de l'intrigue & de la terreur : & je voudrois, fur-tout, que l'intervention de ces êtres furnaturels ne parût pas abfolument néceffaire. Je m'explique : fi le nœud d'un poëme tragique eft tellement embrouillé, qu'on ne puiffe fe tirer d'embarras que par le fecours d'un prodige, le fpeçtateur fent la gêne où l'auteur s'eft mis, & la faibleffe de la reffource. Il ne voit qu'un écrivain qui fe tire maladroitement d'un mauvais pas. Plus d'illufion, plus d'intérêt. *Quodcunque oftendis mihi, fic incredulus odi.* Mais je fuppofe que l'auteur d'une tragédie fe fût propofé pour but d'avertir les hommes que Dieu punit quelquefois de

grands crimes par des voies extraordinaires.
Je suppose que sa piéce fût conduite avec
un tel art, que le spectateur attendît à tout
moment l'ombre d'un prince assassiné, qui
demande vengeance, sans que cette apparition fût une ressource absolument nécessai-
re à une intrigue embarrassée : je dis qu'a-
lors ce prodige, bien ménagé, feroit un
très-grand effet en toute langue, en tout
temps & en tout pays.

Tel est, à peu près, l'artifice de la tragédie de Sémiramis, (aux beautés près,
dont je n'ai pu l'orner.) On voit, dès la
premiere scene, que tout doit se faire par
le ministere céleste; tout roule, d'acte en
acte, sur cette idée. C'est un Dieu vengeur,
qui inspire à Sémiramis des remords qu'elle
n'eût point eûs dans ses prospérités, si les
cris de Ninus même ne fussent venus l'é-
pouvanter au milieu de sa gloire. C'est ce
Dieu qui se sert de ces remords mêmes qu'il
lui donne, pour préparer son châtiment ;
& c'est de-là même que résulte l'instruction
qu'on peut tirer de la piéce. Les anciens
avoient souvent dans leurs ouvrages le but
d'établir quelque grande maxime; ainsi Sophocle finit son Œdipe, en disant qu'il ne
faut jamais appeller un homme heureux
avant sa mort : ici toute la morale de la
piéce est renfermée dans ces vers :

. . . . Il est donc des forfaits ,

Que le couroux des Dieux ne pardonne jamais.

Maxime bien autrement importante que celle de Sophocle. Mais quelle instruction , dira-t'on , le commun des hommes peut-il tirer d'un crime si rare , & d'une punition plus rare encore ? j'avoue que la catastrophe de Sémiramis n'arrivera pas souvent ; mais ce qui arrive tous les jours se trouve dans les derniers vers de la piéce :

. . . . Apprenez tous du moins ,

Que les crimes secrets ont les Dieux pour témoins.

Il y a peu de famille sur la terre où l'on ne puisse quelquefois s'appliquer ces vers ; c'est par-là que les sujets tragiques, les plus au-dessus des fortunes communes , ont les rapports les plus vrais avec les mœurs de tous les hommes.

Je pourois , sur-tout , appliquer à la tragédie de Sémiramis la morale par laquelle Euripide finit son Alceste , piéce dans laquelle le merveilleux regne bien davantage. *Que les Dieux employent des moyens étonnans pour éxécuter leurs éternels décrets ! Que les grands événemens qu'ils ménagent surpassent les idées des mortels !*

Enfin , Monseigneur , c'est uniquement parce que cet ouvrage respire la morale la plus pure , & même la plus séyére ,

que je le préfente à votre Eminence. La véritable tragédie eft l'école de la vertu ; &
la feule différence qui foit entre le théâtre
épuré & les livres de morale, c'eft que l'inf-
truction fe trouve dans la tragédie toute en
action ; c'eft qu'elle y eft intéreffante , &
qu'elle fe montre relevée des charmes d'un
art qui ne fut inventé autrefois que pour
inftruire la terre , & pour bénir le ciel ,
& qui , par cette raifon , fut appellé le
langage des Dieux. Vous qui joignez ce
grand art à tant d'autres , vous me pardonnez , fans doute , le long détail où je fuis
entré , fur des chofes qui n'avoient pas peut-
être été encore tout-à-fait éclaircies , & qui
le feroient , fi votre Eminence daignoit me
communiquer fes lumières fur l'antiquité ,
dont elle a une fi profonde connoiffance.

SÉMIRAMIS,

TRAGÉDIE.

ACTEURS.

SÉMIRAMIS.

ARZACE, ou Ninias.

AZÉMA, Princesse du Sang de Bélus.

ASSUR, Prince du Sang de Bélus.

OROE'S, Grand-Prêtre.

OTANE, Ministre attaché à Sémiramis.

MITRANE, ami d'Arzace.

CÉDAR, attaché à Assur.

Gardes, Mages, Esclaves, Suite.

SÉMIRAMIS,
TRAGÉDIE.

ACTE PREMIER.

Le théâtre repréſente un vaſte périſtile au fond duquel eſt le palais de Sémiramis. Les jardins en terraſſe ſont élevés au deſſus du palais, le temple des mages eſt à droite, & un mauſolée à gauche orné d'obéliſques.

SCENE PREMIERE.

ARZACE, MITRANE.

ARZACE. *Deux Eſclaves portent une Caſſette dans le lointain.*

OUI, Mitrane, en ſecret l'ordre émané du thrône,
Remet entre tes bras, Arzace à Babylone.
Que la Reine en ces lieux brillans de ſa ſplendeur
De ſon puiſſant génie imprime la grandeur !

Quel art a pu former ces enceintes profondes,
Où l'Euphrate égaré porte en tribut ſes ondes,
Ce temple, ces jardins dans les airs ſoutenus,
Ce vaſte mauzolée où repoſe Ninus?
Eternels monumens moins admirables qu'elle.
C'eſt ici qu'à ſes pieds Sémiramis m'appelle.
Les rois de l'Orient, loin d'elle proſternés,
N'ont point eu ces honneurs qui me ſont deſtinés:
Je vais dans ſon éclat voir cette Reine heureuſe.

MITRANE.

La renommée, Arzace, eſt ſouvent bien trompeuſe:
Et peut-être avec moi bientôt vous gémirez,
Quand vous verrez de près ce que vous admirez.

ARZACE.

Comment?

MITRANE.

Sémiramis à ſes douleurs livrée
Séme ici les chagrins dont elle eſt dévorée:
L'horreur qui l'épouvante eſt dans tous les eſprits.
Tantôt rempliſſant l'air de ſes lugubres cris,
Tantôt morne, abbatue, égarée, interdite,
De quelque Dieu vengeur évitant la pourſuite,
Elle tombe à genoux vers ces lieux retirés,
A la nuit, au ſilence, à la mort conſacrés,
Séjour où nul mortel n'oſa jamais deſcendre,
Où de Ninus, mon maître, on conſerve la cendre;

Elle approche à pas lents, l'air fombre, intimidé,
Et fe frappant le fein de fes pleurs inondé.
A travers les horreurs d'un filence farouche,
Les noms de fils, d'époux échappent de fa bou-
che,
Elle invoque les Dieux ; mais les Dieux irrités
Ont corrompu le cours de fes profpérités.

ARZACE.

Quelle eft d'un tel état l'origine imprévuë !

MITRANE.

L'effet en eft affreux. La caufe eft inconnuë.

ARZACE.

Et depuis quand les Dieux l'accablent-ils ainfi ?

MITRANE.

Du tems qu'elle ordonna que vous vinffiez ici.

ARZACE.

Moi ?

MITRANE.

Vous ; ce fut, Seigneur, au milieu de ces fêtes,
Quand Babylone en feu célébroit vos conquêtes ;
Lorfqu'on vit déployer ces drapeaux fufpendus,
Monumens des Etats à vos armes rendus :
Lorfqu'avec tant d'éclat l'Euphrate vit paraître,
Cette jeune Azéma, la niéce de mon maître ;
Ce pur fang de Bélus, & de nos fouverains,
Qu'aux Scites raviffeurs ont arraché vos mains ;

Ce thrône a vû flêtrir fa majefté fuprême,
Dans des jours de triomphe, au fein du bonheur
    même.

ARZACE.

Azéma n'a point part à ce trouble odieux.
Un feul de fes regards adouciroit les Dieux.
Azéma d'un malheur ne peut être la caufe ;
Mais de tout, cependant, Sémiramis difpofe,
Son cœur en ces horreurs n'eft pas toujours plongé ?

MITRANE.

De ces chagrins mortels fon efprit dégagé,
Souvent reprend fa force & fa fplendeur première.
J'y revois tous les traits de cette ame fi fière,
A qui les plus grands rois fur la terre adorés
Même par leurs flatteurs ne font pas comparés ;
Mais lorfque fuccombant au mal qui la déchire,
Ses mains laiffent flotter les rênes de l'empire ;
Alors le fier Affur, ce fatrape infolent,
Fait gémir le palais fous fon joug accablant.
Ce fecret de l'Etat, cette honte du thrône,
N'ont point encor percé les murs de Babylone,
Ailleurs on nous envie, ici nous gémiffons.

ARZACE.

Pour les faibles humains quelles hautes leçons !
Que partout le bonheur eft mêlé d'amertume,
Qu'un trouble auffi cruel m'agite & me confume!

Privé

Privé de ce mortel dont les yeux éclairés
Auroient conduit mes pas à la Cour égarés,
Accusant le destin qui m'a ravi mon père,
En proye aux passions d'un âge téméraire,
A mes vœux orgueilleux sans guide abandonné,
De quels écueils nouveaux je marche environné !

MITRANE.

J'ai pleuré comme vous ce vieillard vénérable,
Phradate m'étoit cher, & sa perte m'accable :
Hélas ! Ninus l'aimoit; il lui donna son fils,
Ninias notre espoir à ses mains fut remis.
Un même jour ravit & le fils & le père;
Il s'imposa dès-lors un exil volontaire.
Mais enfin son exil a fait votre grandeur;
Elevé près de lui dans les champs de l'honneur,
Vous avez à l'empire ajouté des provinces,
Et placé par la gloire au rang des plus grands
    princes,
Vous êtes devenu l'ouvrage de vos mains.

ARZACE.

Je ne sçais en ces lieux quels feront mes destins.
Aux plaines d'Arbazan quelques succès peut-être,
Quelques travaux heureux, m'ont assez fait con-
    naître;
Et quand Sémiramis aux rives de l'Oxus
Vint imposer des loix à cent peuples vaincus,

                       D

Elle laiffa tomber de fon char de victoire
Sur mon front jeune encor un rayon de fa gloire ;
Mais fouvent dans les camps un foldat honoré
Rampe à la Cour des rois, & languit ignoré.

Mon pere en expirant me dit que ma fortune,
Dépendoit en ces lieux de la caufe commune.
Il remit dans mes mains ces gages précieux,
Qu'il conferva toujours loin des profanes yeux ;
Je dois les dépofer dans les mains du Grand Prêtre.
Lui feul doit en juger, lui feul doit les connaître,
Sur mon fort en fecret je dois le confulter,
A Sémiramis même il peut me préfenter.

MITRANE.

Rarement il l'approche ; obfcur & folitaire,
Renfermé dans les foins de fon faint miniftère,
Sans vaine ambition, fans crainte, fans détour,
On le voit dans fon temple, & jamais à la Cour.
Il n'a point affecté l'orgueil du rang fuprême,
Ni placé fa thiare auprès du diadême.
Moins il veut être grand, plus il eft révéré.
Quelqu'accès m'eft ouvert en ce féjour facré ;
Je puis même en fecret lui parler à cette heure.
Vous le verrez ici, non loin de fa demeure,
Avant qu'un jour plus grand vienne éclairer nos
   yeux.

SCENE II.

ARZACE, (*feul.*)

EH ! quelle eſt donc ſur moi la volonté des Dieux ?
Que me réſervent-ils ! & d'où vient que mon pere
M'envoie en expirant aux pieds du ſanctuaire ?
Moi ſoldat, moi, nourri dans l'horreur des combats,
Moi, qu'enfin l'Amour ſeul entraîne ſur ſes pas.
Aux Dieux des Caldéens quel ſervice ai-je à rendre ?
Mais quelle voix plaintive ici ſe fait entendre,

> (*On entend des gémiſſemens ſortir du fond du
> tombeau, ou l'on ſuppoſe qu'ils ſont entendus.*)

Du fond de cette tombe, un cri lugubre, affreux,
Sur mon front paliſſant fait dreſſer mes cheveux ;
De Ninus, m'a-t-on dit, l'ombre en ces lieux habite,...
Les cris ont redoublé ; mon ame eſt interdite.
Séjour ſombre & ſacré, manes de ce grand roi,
Voix puiſſante des Dieux, que voulez-vous de moi ?

SCENE III.

ARZACE, *le grand Mage* OROE'S,
suite des Mages, MITRANE.

MITRANE, *au Mage* OROE'S.

OUI, Seigneur, en vos mains Arzace ici doit rendre
Ces monumens secrets que vous semblez attendre.

ARZACE.

Du Dieu des Caldéens, pontife redouté ;
Permettez qu'un guerrier à vos yeux présenté,
Aporte à vos genoux la volonté dernière
D'un pere à qui mes mains ont fermé la paupière.
Vous daignâtes l'aimer.

OROE'S.

          Jeune & brave mortel,
D'un Dieu qui conduit tout, le decret éternel
Vous amene à mes yeux plus que l'ordre d'un pere.
De Phradate, à jamais, la mémoire m'est chere ;
Son fils me l'est encor plus que vous ne croyez.
Ces gages précieux par son ordre envoyés,
Où sont-ils ?

ARZACE.

      Les voici.

     Les Esclaves donnent le coffre aux deux
     Mages, qui le posent sur un autel.

OROE'S, *ouvrant le coffre, & se*
penchant avec respect & avec douleur
   C'est donc vous que je touche,
Restes chers & sacrés ! je vous vois , & ma bouche
Presse avec des sanglots ces tristes monumens,
Qui m'arrachant des pleurs attestent mes sermens :
Que l'on nous laisse seuls ; allez : & vous Mitrane ,
De ce secret mistere écartez tout profane :

   Les Mages se retirent.

Voici ce même seau , dont Ninus autrefois
Transmit aux nations l'empreinte de ses loix :
Je la vois , cette lettre à jamais effrayante ,
Que prête à se glacer traça sa main mourante ;
Adorez ce bandeau , dont il fut couronné ;
A venger son trépas ce fer est destiné ,
Ce fer qui subjugua la Perse & la Médie ,
Inutile instrument contre la perfidie ,
Contre un poison trop sûr, dont les mortels aprêts...

   ARZACE.
Ciel ! que m'apprenez-vous !

   OROE'S.
      Ces horribles secrets
Sont encor demeurés dans une nuit profonde.
Du sein de ce sépulcre inaccessible au monde ,
Les manes de Ninus , & les Dieux outragés
Ont élevé leurs voix , & ne sont point vengés.

ARZACE.

Jugez de quelle horreur j'ai dû sentir l'atteinte,
Ici même, & du fond de cette augufte enceinte,
D'affreux gémiffemens font vers moi parvenus.

OROE'S.

Ces accens de la mort font la voix de Ninus.

ARZACE.

Deux fois à mon oreille ils fe font fait entendre.

OROE'S.

Ils demandent vengeance.

ARZACE.

              Il a droit de l'attendre ;

Mais de qui ?

OROE'S.

          Les cruels, dont les coupables mains ;
Du plus jufte des rois ont privé les humains ;
Ont de leur trahifon caché la trame impie ;
Dans la nuit de la tombe elle eft enfevelie.
Aifément des mortels ils ont féduit les yeux ;
Mais on ne peut tromper l'œil vigilant des Dieux,
Des plus obfcurs complots il perce les abîmes.

ARZACE.

Ah ! fi ma faible main pouvoit punir ces crimes !
Je ne fçai, mais l'afpect de ce fatal tombeau,
Dans mes fens étonnés porte un trouble nouveau.

Ne puis-je y confulter ce roi qu'on y révère ?

O R O E'S.

Non, le ciel le défend ; un oracle févère
Nous interdit l'accès de ce féjour de pleurs ,
Habité par la mort, & par des Dieux vengeurs.
Attendez avec moi le jour de la juftice ;
Il eft temps qu'il arrive , & que tout s'accompliffe.
Je n'en peux dire plus ; des pervers éloigné ,
Je leve en paix mes mains vers le ciel indigné.
Sur ce grand intérêt, qui peut-être vous touche ,
Ce ciel, quand il lui plaît, ouvre & ferme ma bouche ;
J'ai dit ce que j'ai dû ; tremblez qu'en ces remparts ,
Une parole , un gefte , un feul de vos regards ,
Ne trahiffe un fecret que mon Dieu vous confie.
Il y va de fa gloire & du fort de l'Afie ;
Il y va de vos jours : vous , mages , approchez ,
Que ces chers monumens fous l'autel foient cachez,

*La grande porte du Palais s'ouvre , & fe remplit
de Gardes. Affur paroît avec fa fuite d'un autre côté.*

Déja le palais s'ouvre , on entre chez la Reine ;
Vous voyez cet Affur , dont la grandeur hautaine
Traîne ici fur fes pas un peuple de flatteurs.
A qui, Dieu tout-puiffant, donnez-vous les grandeurs !
O monftre !

A R Z A C E.
Quoi, Seigneur !

OROE'S.

Adieu. Quand la nuit sombre
Sur ces coupables murs viendra jetter son ombre,
Je pourai vous parler en présence des Dieux,
Redoutez-les, Arzace : ils ont sur vous les yeux.

SCENE IV.

ARZACE sur le devant du théatre avec Mitrane, qui reste auprès de lui. ASSUR vers un des côtés avec Cédar & sa suite.

ARZACE.

D E tout ce qu'il m'a dit, que mon ame est émue !
Quels crimes ! quelle cour ! & quelle est peu connue !
Quoi ! Ninus, quoi ! mon maître est mort empoisonné ?
Et je ne vois que trop qu'Assur est soupçonné.

MITRANE, *approchant d'Arzace.*

Des rois de Babylone, Assur tient sa naissance ;
Sa fiere autorité veut de la déférence ;
La Reine le ménage, on craint de l'offenser ;
Et l'on peut sans rougir devant lui s'abaisser.

ARZACE.

Devant lui !

ASSUR, *dans l'enfoncement à Cédar.*

Me trompai-je, Arzace à Babylone ?
Sans mon ordre ! qui ? lui ! tant d'audace m'étonne.

ARZACE

ARZACE.

Quel orgueil ?

ASSUR.

Aprochez ; quels intérêts nouveaux,
Vous font abandonner vos camps & vos drapeaux ?
Des rives de l'Oxus, quel sujet vous amene ?

ARZACE.

Mes services, Seigneur, & l'ordre de la Reine.

ASSUR.

Quoi ! la Reine vous mande ?

ARZACE.

Oui.

ASSUR.

Mais sçavez-vous bien
Que pour avoir son ordre on demande le mien ?

ARZACE.

Je l'ignorois, Seigneur, & j'aurois pensé même
Blesser, en le croyant, l'honneur du diadême.
Pardonnez, un soldat est mauvais courtisan.
Nourri dans la Scytie, aux plaines d'Arbazan,
J'ai pu servir la cour, & non pas la connaître.

ASSUR.

L'âge, le temps, les lieux vous l'apprendront peut-être:
Mais ici par moi seul, aux pieds du thrône admis:
Que venez-vous chercher près de Sémiramis?

E

ARZACE.

J'ofe lui demander le prix de mon courage ,
L'honneur de la fervir.

ASSUR.

Vous ofez davantage :
Vous ne m'expliquez pas vos vœux préfomptueux ;
Je fçai pour Azéma vos deffeins & vos feux.

ARZACE.

Je l'adore, fans doute, & fon cœur où j'afpire ,
Eft d'un prix à mes yeux au-deffus de l'empire :
Et mes profonds refpeéts , mon amour...

ASSUR.

Arrêtez.
Vous ne connaiffez pas à qui vous infultez.
Qui ! vous ? affocier la race d'un Sarmate
Au fang des demi-Dieux du Tigre & de l'Euphrate ?
Je veux bien par pitié vous donner un avis ;
Si vous ofez porter jufqu'à Sémiramis,
L'injurieux aveu que vous ofez me faire ,
Vous m'avez entendu , fremiffez téméraire :
Mes droits impunément ne font pas offenfés.

ARZACE.

J'y cours de ce pas même, & vous m'enhardiffez :
C'eft l'effet que fur moi fit toujours la menace.
Quelques foient en ces lieux les droits de votre place,

Vous n'avez pas celui d'outrager un soldat ,
Qui servit & la Reine , & vous-même , & l'état.
Je vous parais hardi , mon feu peut vous déplaire ;
Mais vous me paraissez cent fois plus téméraire,
Vous qui sous votre joug prétendant m'accabler ,
Vous croyez assez grand pour m'avoir fait trembler.

ASSUR.

Pour vous punir peut-être : & je vais vous apprendre ,
Quel prix de tant d'audace un sujet doit attendre.

ARZACE.

Tous deux nous l'apprendrons.

SCENE V.

SE'MIRAMIS *parait dans le fond , appuyée sur ses femmes :* OTANE *son confident , va au-devant d'Assur.* ASSUR, ARZACE, MITRANE.

OTANE.

Seigneur, quittez ces lieux,
La Reine en ce moment se cache à tous les yeux;
Respectez les douleurs de son ame éperdue.
Dieux retirez la main sur sa tête étendue !

E ij

ARZACE.

Que je la plains !

ASSUR, *à l'un des siens.*

Sortons ; & fans plus confulter ,
De ce trouble inoui fongeons à profiter.

SE'MIRAMIS , *avance fur la fcene.*

OTANE, *revenant à Sémiramis.*

O Reine , rappellez votre force première ,
Que vos yeux fans horreur s'ouvrent à la lumière.

SE'MIRAMIS.

O voiles de la mort , quand viendrez-vous couvrir
Mes yeux remplis de pleurs , & laffés de s'ouvrir ?

*Elle marche éperdue fur la fcene ,
croyant voir l'ombre de Ninus.*

Abîmes fermez-vous , fantôme horrible arrête :
Frape , ou ceffe à la fin de menacer ma tête ;
Arzace eft-il venu ?

OTANE.

Madame , en cette cour ,
Arzace auprès du temple a devancé le jour.

SE'MIRAMIS.

Cette voix formidable , infernale , ou célefte ,
Qui dans l'ombre des nuits pouffe un cri fi funefte ,
M'avertit que le jour qu'Arzace doit venir ,
Mes douloureux tourmens feront prêts à finir.

OTANE.

Au sein de ces horreurs goutez donc quelque joie ,
Espérez dans ces Dieux , dont le bras se déploye.

SE'MIRAMIS.

Arzace est dans ma cour !.. ah ! je sens qu'à son
    nom ,
L'horreur de mon forfait trouble moins ma raison.

OTANE.

Perdez-en pour jamais l'importune mémoire ;
Que de Sémiramis les beaux jours pleins de gloire
Effacent ce moment heureux ou malheureux ,
Qui d'un fatal Hymen brisa le joug affreux.
Ninus en vous chassant de son lit & du thrône ,
En vous perdant , Madame , eut perdu Babylone.
Pour le bien des mortels vous prévintes ses coups ,
Babylone & la terre avoient besoin de vous ;
Et quinze ans de vertus & de travaux utiles ,
Les arides déserts par vous rendus fertiles ,
Les sauvages humains soumis au frein des loix ,
Les arts dans nos cités naissans à votre voix ,
Ces hardis monumens que l'univers admire ,
Les acclamations de ce puissant empire ,
Sont autant de témoins , dont le cri glorieux
A déposé pour vous au tribunal des Dieux.
Enfin , si leur justice emportoit la balance ,
Si la mort de Ninus excitoit leur vengeance ,

D'où vient qu'Affur ici brave en paix leur courroux ?
Affur fut en effet plus coupable que vous ;
Sa main, qui prépara le breuvage homicide,
Ne tremble point pourtant, & rien ne l'intimide.

SE'MIRAMIS.

Nos deftins, nos devoirs étoient trop différens ;
Plus les nœuds font facrés; plus les crimes font grands.
J'étois époufe, Otane, & je fuis fans excufe ;
Devant les Dieux vengeurs mon défefpoir m'accufe.
J'avois cru que ces Dieux juftement offenfés,
En m'arrachant mon fils, m'avoient punie affez ;
Que tant d'heureux travaux rendoient mon diadême,
Ainfi qu'au monde entier, refpectable au ciel même.
Mais depuis quelques mois ce fpectre furieux
Vient affliger mon cœur, mon oreille, mes yeux ;
Je me traîne à la tombe où je ne puis defcendre,
J'y révère de loin cette fatale cendre ;
Je l'invoque en tremblant : des fons, des cris affreux,
De longs gémiffemens répondent à mes vœux.
D'un grand événement je me vois avertie,
Et peut-être il eft tems que le crime s'expie.

OTANE.

Mais eft-il affuré que ce fpectre fatal
Soit en effet forti du féjour infernal ?
Souvent de fes erreurs notre ame eft obfédée,
De fon ouvrage même elle eft intimidée,

Croit voir ce qu'elle craint, & dans l'horreur des
   nuits
Voit enfin les objets qu'elle même a produits.

SÉMIRAMIS.

Je l'ai vû ; ce n'est point une erreur passagère
Qu'enfante du sommeil la vapeur mensongère ;
Le sommeil à mes yeux refusant ses douceurs,
N'a point sur mes esprits répandu ses erreurs.
Je veillois, je pensois au sort qui me menace,
Lorsqu'au bord de mon lit j'entens nommer Arzace.
Ce nom me rassuroit ; tu sçais quel est mon cœur.
Assur depuis un temps l'a pénétré d'horreur.
Je frémis quand il faut ménager mon complice ;
Rougir devant ses yeux est mon premier supplice :
Et je déteste en lui cet avantage affreux
Que lui donne un forfait qui nous unit tous deux.
Je voudrois... mais faut-il dans l'état qui m'opprime,
Par un crime nouveau punir sur lui mon crime !
Je demandois Arzace, afin de l'opposer
Au complice odieux qui pense m'imposer ;
Je m'occupois d'Arzace, & j'étois moins troublée.

   Dans ces momens de paix qui m'avoient consolée,
Ce ministre de mort a reparu soudain,
Tout dégoutant de sang & le glaive à la main :
Je crois le voir encor, je crois encor l'entendre.
Vient-il pour me punir, vient-il pour me défendre ?

Arzace au moment même arrivoit dans ma cour ;
Le ciel à mon repos a réfervé ce jour ;
Cependant toute en proie au trouble qui me tue ,
La paix ne rentre point dans mon ame abatue.
Je paffe à tout moment de l'efpoir à l'effroi ,
Le fardeau de la vie eft trop pefant pour moi.
Mon thrône m'importune , & ma gloire paffée
N'eft qu'un nouveau tourment de ma trifte penfée.

J'ai nourri mes chagrins fans les manifefter ;
Ma peur m'a fait rougir. J'ai craint de confulter
Ce mage révéré que chérit Babylone ,
D'avilir devant lui la majefté du thrône ,
De montrer une fois en préfence du ciel ,
Sémiramis tremblante aux regards d'un mortel.
Mais j'ai fait en fecret , moins fiere où plus hardie ,
Confulter Jupiter aux fables de Libie ,
Comme fi loin de nous , le Dieu de l'univers
N'eût mis la vérité qu'au fonds de ces déferts !
Le Dieu qui s'eft caché dans cette fombre enceinte
A reçu dès long temps mon hommage & ma crainte ;
J'ai comblé fes autels & de dons & d'encens.
Répare t'on le crime , hélas , par des préfens ?
De Memphis aujourd'hui j'attens une réponfe.

SCENE VI.

SE'MIRAMIS, OTANE, MITRANE.

MITRANE.

AUx portes du palais, en fecret on annonce,
Un prêtre de l'Egypte, arrivé de Memphis.

SE'MIRAMIS.

Je verrai donc mes maux ou comblés ou finis.
Allons, cachons fur-tout au refte de l'empire,
Le troublé humiliant dont l'horreur me déchire,
Et qu'Arzace à l'inftant à mon ordre rendu,
Puiffe aporter le calme à ce cœur éperdu.

Fin du premier Acte.

✿✿✿✿✿✿✿✿✿✿✿✿✿✿✿✿✿✿

ACTE II.

SCENE I.

ARZACE, AZE'MA.

AZE'MA.

Arzace écoutez-moi ; cet empire indompté
Vous doit fon nouveau luftre , & moi ma liberté.
Quand les Scites vaincus réparant leurs défaites ,
S'élancèrent fur nous de leurs vaftes retraites ,
Quand mon pere en tombant me laiffa dans leurs fers;
Vous feul portant la foudre au fonds de leurs déferts ,
Brisâtes mes liens , remplîtes ma vengeance.
Je vous dois tout. Mon cœur en eft la récompenfe :
Je ne ferai qu'à vous ; mais notre amour nous perd.
Votre cœur généreux trop fimple & trop ouvert ,
A cru qu'en cette cour ainfi qu'en votre armée ,
Suivi de vos exploits & de la renommée ,
Vous pouviez déployer , fincere impunément ,
La fierté d'un héros & le cœur d'un amant.
Vous outragez Affur, vous devez le connaître ,
Vous ne pouvez le perdre , il ménace , il eft maître ;

Il abufe en ces lieux de fon pouvoir fatal ;
Il eft inéxorable… il eft votre rival.

ARZACE.

Il vous aime ! qui ! lui ?

AZE'MA.

    Ce cœur fombre & farouche,
Qui hait toute vertu, qu'aucun charme ne touche,
Ambitieux, efclave, & tiran tour à tour,
S'eft-il flatté de plaire, & connaît-il l'amour ?
Des rois affyriens comme lui defcenduë,
Et plus près de ce thrône, où je fuis attendue,
Il penfe en m'immolant à fes fecrets deffeins,
Appuyer de mes droits, fes droits trop-incertains.
Pour moi fi Ninias, à qui dès fa naiffance,
Ninus m'avoit donnée aux jours de mon enfance,
Si l'héritier du fcéptre à moi feule promis,
Voyoit encor le jour près de Sémiramis,
S'il me donnoit fon cœur, avec le rang fuprême,
J'en attefte l'amour, j'en jure par vous-même,
Ninias me verroit préférer aujourd'hui
Un éxil avec vous, à ce thrône avec lui.
Les campagnes du Scite, & fes climats ftériles,
Pleins de votre grand nom, font d'affez doux
  aziles.
Le fein de ces deferts, où nâquit notre amour,
Eft pour moi Babylone, & deviendra ma cour.

Peut-être l'ennemi, que cet amour outrage,
A ce doux châtiment ne borne point sa rage.
J'ai démêlé son ame, & j'en vois la noirceur ;
Le crime, ou je me trompe, étonne peu son cœur.
Votre gloire déja lui fait assez d'ombrage ;
Il vous craint, il vous haït :

A R Z A C E.

Je le hais davantage ;

Mais je ne le crains pas, étant aimé de vous.
Conservez vos bontez ; je brave son couroux.
La Reine entre nous deux tient au moins la ba-
    lance.
Je me suis vû d'abord admis en sa présence.
Elle m'a fait sentir, à ce premier accueil,
Autant d'humanité, qu'Assur avoit d'orgueil ;
Et relevant mon front, prosterné vers son thrône,
M'a vingt fois appellé l'appui de Babylone.
Je m'entendois flatter, de cette auguste voix,
Dont tant de Souverains ont adoré les loix ;
Je la voyois franchir cet immense intervalle,
Qu'a mis entre elle & moi, la majesté royale.
Que j'en étois touché, quelle étoit à mes yeux
La mortelle après vous, la plus semblable aux Dieux !

A Z E' M A.

Si la Reine est pour nous, Assur en vain menace,
Je ne crains rien.

ARZACE.

　　　J'allois plein d'une noble audace
Mettre à ses pieds mes vœux jusqu'à vous élevés,
Qui révoltent Assur, & que vous approuvez.
Un prêtre de l'Egypte approche au moment même,
Des oracles d'Ammon, portant l'ordre suprême.
Elle ouvre le billet d'une tremblante main,
Fixe les yeux sur moi, les détourne soudain,
Laisse couler des pleurs, interdite, éperdue,
Me regarde, soupire, & s'échape à ma vûe.
On dit qu'au désespoir son grand cœur est réduit,
Que la terreur l'accable, & qu'un Dieu la poursuit.
Je m'attendris sur elle ; & je ne puis comprendre,
Qu'après plus de quinze ans, soigneux de la défendre,
Le Ciel la persécute & paraisse outragé.
Qu'a-t-elle fait aux Dieux, d'où vient qu'ils ont
　　　changé ?

AZEMA.

On ne parle en effet que d'augures funestes,
De manes en couroux, de vengeances célestes.
Sémiramis troublée a semblé quelques jours,
Des soins de son Empire abandonner le cours :
Et j'ai tremblé qu'Assur en ces jours de tristesse,
Du palais effrayé n'accablât la faiblesse.
Mais la Reine a paru ; tout s'est calmé soudain,
Tout a senti le poids du pouvoir souverain.

Si déja de la Cour mes yeux ont quelque ufage,
La Reine hait Affur, l'obferve, le ménage:
Ils fe craignent l'un l'autre, & tout prêts d'éclater,
Quelque intérêt fecret femble les arrêter.
J'ai vu Sémiramis à fon nom courroucée:
La rougeur de fon front trahiffoit fa penfée,
Son cœur paraiffoit plein d'un long reffentiment;
Mais fouvent à la Cour tout change en un moment.
Retournez & parlez.

ARZACE.

J'obéis. Mais j'ignore,
Si je puis à fon thrône être introduit encore.

AZE'MA.

Ma voix fecondera mes vœux & votre efpoir,
Je fais de vous aimer ma gloire & mon devoir.
Que de Sémiramis on adore l'empire,
Que l'Orient vaincu la refpecte & l'admire,
Dans mon triomphe heureux j'envierai peu les fiens.
Le monde eft à fes pieds, mais Arzace eft aux miens.
Allez. Affur paraît.

ARZACE.

Qui! ce traitre! à fa vûe,
D'une invincible horreur je fens mon ame émue.

SCENE II.

ASSUR, ARZACE, AZE'MA.

ASSUR, *à Arzace.*

UN accueil que des rois ont vainement brigué,
Quand vous avez paru, vous eſt donc prodigué,
Vous avez en ſecret entretenu la Reine ;
Mais vous a-t-elle dit que votre audace vaine
Eſt un outrage au thrône, à mon honneur, au ſien ;
Que le ſort d'Azéma ne peut s'unir qu'au mien ;
Qu'à Ninias jadis Azéma fut donnée ;
Qu'aux ſeuls enfans des rois ſa main eſt deſtinée ;
Que du fils de Ninus le droit m'eſt aſſuré ;
Qu'entre le thrône & moi je ne vois qu'un degré ?
La Reine a-t'elle enfin daigné du moins vous dire,
Dans quel piége en ces lieux votre orgueil vous
        attire,
Et que tous vos reſpects ne pourront effacer
Les téméraires vœux qui m'oſoient offenſer ?

ARZACE.

Inſtruit à reſpecter le ſang qui vous fit naître,
Sans redouter en vous l'autorité d'un maître,
Je ſais ce qu'on vous doit, ſurtout en ces climats,
Et je m'en ſouviendrois ſi vous n'en parliez pas.

Vos ayeux , dont Bélus a fondé la nobleffe ,

Sont votre premier droit au cœur de la Princeffe.

Vos intérêts préfens , le foin de l'avenir ,

Le befoin de l'Etat , tout femble vous unir.

Moi , contre tant de droits qu'il me faut recon-
      naître ,

J'ofe en oppofer un qui les vaut tous peut-être :

J'aime ; & j'ajoûterois , Seigneur , que mon fecours

A vengé fes malheurs , a défendu fes jours ,

A foutenu ce thrône où fon deftin l'appelle ,

Si j'ofois comme vous , me vanter devant elle.

Je vais remplir fon ordre à mon zéle commis :

Je n'en reçois que d'elle & de Sémiramis.

L'Etat peut quelque jour être en votre puiffance ;

Le ciel donne fouvent des rois dans fa vengeance :

Mais il vous trompe au moins dans l'un de vos
      projets ,

Si vous comptez Arzace au rang de vos fujets.

ASSUR.

Tu combles la mefure , & tu cours à ta perte.

SCENE

SCENE III.
ASSUR, AZE'MA.

ASSUR.

Madame, son audace est trop longtems soufferte.
Mais puis-je en liberté m'expliquer avec vous
Sur un sujet plus noble & plus digne de nous ?

AZE'MA.

En est-il ? mais parlez.

ASSUR.

Bientôt l'Asie entière
Sous vos pas & les miens, ouvre une autre carrière :
Les faibles intérêts doivent peu nous frapper ;
L'univers nous appelle & va nous occuper.
Sémiramis n'est plus que l'ombre d'elle-même,
Le ciel semble abaisser cette grandeur suprême ;
Cet astre si brillant, si longtemps respecté,
Penche vers son déclin sans force & sans clarté.
On le voit, on murmure, & déja Babylone
Demande à haute voix un héritier du thrône.
Ce mot en dit assez ; vous connaissez mes droits,
Ce n'est point à l'amour à nous donner des rois.
Non, qu'à tant de beautés mon ame inaccessible,
Se fasse une vertu de paraître insensible ;
Mais pour vous & pour moi, j'aurois trop à rougir,
Si le sort de l'état dépendoit d'un soupir.

F

Un fentiment plus digne, & de l'un & de l'autre,
Doit gouverner mon fort & commander au votre ;
Vos ayeux font les miens, & nous les trahiffons,
Nous perdons l'univers fi nous nous divifons.
Je peux vous étonner ; cet auftère langage
Effarouche aifément les graces de votre âge ;
Mais je parle aux héros, aux rois dont vous fortez,
A tous ces demi Dieux que vous repréfentez.
Longtemps foulant aux pieds leur grandeur & leur
    cendre,
Ufurpant un pouvoir où nous devons prétendre,
Donnant aux nations, ou des loix ou des fers,
Une femme impofa filence à l'univers.
De fa grandeur qui tombe affermiffez l'ouvrage ;
Elle eut votre beauté, poffédez fon courage,
L'amour à vos genoux ne doit fe préfenter,
Que pour vous rendre un fceptre, & non pour vous
    l'ôter.
C'eft ma main qui vous l'offre ; & du moins je me
    flate,
Que vous n'immolez pas à l'amour d'un Sarmate,
La majefté d'un nom qu'il vous faut refpecter,
Et le thrône du monde où vous devez monter.

AZE'MA.

Repofez-vous fur moi fans infulter Arzace,
Du foin de maintenir la fplendeur de ma race.

Je défendrai , surtout quand il en sera temps ,
Les droits que m'ont transmis les rois dont je des-
cends.
Je connais nos ayeux : mais après tout j'ignore ,
Si parmi ces héros que l'Assyrie adore ,
Il en est un plus grand , plus chéri des humains ,
Que ce même Sarmate objet de vos dédains.
Aux vertus , croyez-moi , rendez plus de justice ;
Pour moi quand il faudra que l'hymen m'asservisse ,
C'est à Sémiramis à faire mes destins ,
Et j'attendrai , Seigneur , un maître de ses mains.
J'écoute peu ces bruits que le peuple répéte ,
Echos tumultueux , d'une voix plus secréte ;
J'ignore si vos chefs , aux révoltes poussés ,
De servir une femme , en secret sont lassés.
Je les vois à ses pieds baisser leur tête altière ,
Ils peuvent murmurer , mais c'est dans la poussière.
Les Dieux , dit-on , sur elle ont étendu leurs bras.
J'ignore son offense , & je ne pense pas ,
Si le ciel a parlé , Seigneur , qu'il vous choisisse ,
Pour annoncer son ordre & servir sa justice.
Elle régne en un mot. Et vous qui gouvernez ,
Vous prenez à ses pieds les loix que vous donnez ;
Je ne connais ici que son pouvoir suprême ,
Ma gloire est d'obéir , obéissez de même.

SCENE IV.

ASSUR, CE'DAR.

ASSUR.

OBEÏR ! ah ! ce mot fait trop rougir mon front ;
J'en ai trop dévoré l'insuportable affront.
Parle, as-tu réussi ? ces semences de haine,
Que nos soins en secret cultivoient avec peine,
Pourront-elles porter, au gré de ma fureur,
Les fruits que j'en attends de discorde & d'horreur ?

CE'DAR.

J'ose espérer beaucoup. Le peuple enfin commence
A sortir du respect & de ce long silence,
Où le nom, les exploits, l'art de Sémiramis
Ont enchaîné les cœurs étonnés & soumis.
On veut un successeur au thrône d'Assyrie :
Et quiconque, Seigneur, aime encor la patrie,
Ou qui gagné par moi se vante de l'aimer,
Dit qu'il nous faut un maître, & qu'il faut vous
    nommer.

ASSUR.

Chagrins toujours cuisants! honte toujours nouvelle ;
Quoi ! ma gloire, mon rang, mon destin dépend d'elle !
Quoi ! j'aurai fait mourir & Ninus & son fils,
Pour ramper le premier devant Sémiramis,

Pour languir dans l'éclat d'une illuftre difgrace ,
Près du thrône du monde à la feconde place !
La Reine fe bornoit à la mort d'un époux ;
Mais j'étendis plus loin ma fureur & mes coups :
Ninias en fecret privé de la lumière ,
Du thrône où j'afpirois , m'entrouvroit la barrière ,
Quand fa puiffante main la ferma fous mes pas.
C'eft en vain que flatant l'orgueil de fes appas ,
J'avois cru chaque jour prendre fur fa jeuneffe
Cet heureux afcendant que les foins , la foupleffe ,
L'attention , le temps , favent fi bien donner
Sur un cœur fans deffein , facile à gouverner ;
Je connus mal cette ame infléxible & profonde ;
Rien ne la pût toucher que l'empire du monde.
Elle en parût trop digne ; il le faut avouer :
Je fuis dans mes fureurs contraint à la louer.
Je la vis retenir dans fes mains affurées ,
De l'état chancelant , les rênes égarées ,
Appaifer le murmure , étouffer les complots ,
Gouverner en monarque , & combattre en héros.
Je la vis captiver & le peuple & l'armée ;
Ce grand art d'impofer même à la renommée ,
Fut l'art qui fous fon joug enchaîna les efprits :
L'univers à fes pieds demeure encor furpris.
Que dis-je ? fa beauté , ce flateur avantage ,
Fit adorer les loix qu'impofa fon courage ;

Et quand dans mon dépit j'ai voulu confpirer,
Mes amis confternés n'ont fçu que l'admirer.

　Mais le charme eft rompu, ce grand pouvoir
　　chancelle.
Son génie égaré femble s'éloigner d'elle.
Un vain remords la trouble, & fa crédulité
A depuis quelques temps en fecret confulté
Ces oracles menteurs d'un temple méprifable,
Que les fourbes d'Egypte ont rendu vénérable.
Son encens & fes vœux fatiguent les autels :
Elle devient femblable au refte des mortels :
Elle a connu la crainte ; & j'ai vû fa faibleffe.
Je ne puis m'élever, qu'autant qu'elle s'abaiffe :
De Babylone au moins, j'ai fait parler la voix.
Sémiramis enfin, va céder une fois.
Ce premier coup porté, fa ruine eft certaine.
Me donner Azéma, c'eft ceffer d'être Reine ;
Ofer me refufer, fouléve fes états ;
Et de tous les côtez le piége eft fous fes pas.
Mais peut-être après tout, quand je crois la fur-
　　prendre,
J'ai laffé ma fortune à force de l'attendre.

　　　CEDAR.

Si la Reine vous céde & nomme un héritier,
Affur de fon deftin peut-il fe défier ?

De vous & d'Azéma, l'union defirée
Rejoindra de nos rois la tige féparée.
Tout vous porte à l'empire, & tout parle pour vous.

ASSUR.

Pour Azéma, fans doute, il n'eft point d'autre époux.
Mais pourquoi de fi loin faire venir Arzace ?
Elle a favorifé fon infolente audace.
Tout prêt à le punir je me vois retenu
Par cette même main dont il eft foutenu.
Prince, mais fans fujets, miniftre, & fans puiffance,
Environné d'honneurs, & dans la dépéndance,
Tout m'afflige, une amante, un jeune audacieux,
Des prêtres confultez, qui font parler leurs Dieux.
Sémiramis enfin toujours en défiance,
Qui me ménage à peine, & qui craint ma pré-
fence !
Nous verrons fi l'ingratte, avec impunité,
Ofe pouffer à bout un complice irrité.

Il veut fortir.

SCENE V.

ASSUR, OTANE, CE'DAR.
OTANE.

Seigneur, Sémiramis vous ordonne d'attendre ;
Elle veut en fecret vous voir & vous entendre,

Et de cet entretien qu'aucun ne foit témoin,

ASSUR.

A fes ordres facrés j'obéis avec foin,
Otane, & j'attendrai fa volonté fuprême.

SCENE VI.

ASSUR, CE'DAR.

ASSUR.

EH ! d'où peut donc venir ce changement extrême?
Depuis près de trois mois, je lui femble odieux ;
Mon afpect importun lui fait baiffer les yeux ;
Toujours quelque témoin nous voit & nous écoute ;
De nos froids entretiens, qui lui péfent fans doute,
Ses foudaines frayeurs interrompent le cours,
Son filence fouvent répond à mes difcours ;
Que veut-elle me dire ! ou que veut-elle apprendre ?
Elle avance vers nous ; c'eft elle. Va m'attendre.

SCENE VII.

SÉMIRAMIS, ASSUR,

SÉMIRAMIS.

Seigneur, il faut enfin que je vous ouvre un cœur,
Qui long-tems devant vous dévora sa douleur.
J'ai gouverné l'asie & peut-être avec gloire ;
Peut-être Babylone, honorant ma mémoire,
Mettra Sémiramis à côté des grands rois.
Vos mains de mon empire ont soutenu le poids,
Par tout victorieuse, absolue, adorée,
De l'encens des humains je vivois enivrée :
Tranquille, j'oubliai, sans crainte & sans ennuis,
Quel dégré m'éleva dans ce rang où je suis.
Des Dieux dans mon bonheur j'oubliai la justice.
Elle parle, je céde, & ce grand édifice,
Que je crus à l'abri des outrages du temps,
Veut être rafermi jusqu'en ses fondemens.

ASSUR.

Madame, c'est à vous d'achever votre ouvrage,
De commander au temps, de prévoir son outrage.
Qui pourroit obscurcir des jours si glorieux ?
Quand la terre obéit, que craignez-vous des Dieux ?

G

SE'MIRAMIS.

La cendre de Ninus repofe en cette enceinte ;
Et vous me demandez le fujet de ma crainte ?
Vous !

ASSUR.

Je vous avouerai que je fuis indigné,
Qu'on fe fouvienne encor, fi Ninus a regné.
Craint-on après quinze ans fes manes en colère ?
Ils fe feroient vengés, s'ils avoient pû le faire.
D'un éternel oubli ne tirez point les morts.
Je fuis épouvanté, mais c'eft de vos remords,
Ah ! ne confultez point d'oracles inutiles :
C'eft par la fermeté qu'on rend les Dieux faciles.
Ce fantôme inoüi, qui paroît en ce jour,
Qui nâquit de la crainte, & l'enfante à fon tour,
Peut-il vous effrayer par tous fes vains préftiges ?
Pour qui ne les craint point, il n'eft point de prodiges ;
Ils font l'appas groffier des peuples ignorans,
L'invention du fourbe, & le mépris des grands.
Mais fi quelque intérêt, plus noble & plus folide,
Eclaire votre efprit qu'un vain trouble intimide,
S'il vous faut de Bélus éternifer le fang,
Si la jeune Azéma prétend à ce haut rang...

SE'MIRAMIS.

Je viens vous en parler. Ammon & Babylone
Demandent fans détour un héritier du thrône,

Il faut que de mon fceptre on partage le faix,

Et le peuple & les Dieux vont être fatisfaits.

Vous le favez affez, mon fuperbe courage

S'étoit fait une loi de régner fans partage :

Je tins fur mon hymen l'univers en fufpens ;

Et quand la voix du peuple, à la fleur de mes ans,

Cette voix qu'aujourd'hui le Ciel même feconde,

Me preffoit de donner des Souverains au monde ;

Si quelqu'un pût prétendre au nom de mon Epoux,

Cet honneur, je le fais, n'appartenoit qu'à vous.

Vous deviez l'efpérer ; mais vous pûtes connaître

Combien Sémiramis craignoit d'avoir un maître;

Je vous fis, fans former un lien fi fatal,

Le fecond de la terre, & non pas mon égal,

C'étoit affez, Seigneur, & j'ai l'orgueil de croire

Que ce rang auroit pû fuffire à votre gloire.

Le ciel me parle enfin, j'obéis à fa voix ;

Ecoutez fon oracle, & recevez mes loix.

» Babylone doit prendre une face nouvelle,

» Quand d'un fecond hymen allumant le flambeau,

» Mere trop malheureufe, époufe trop cruelle,

» Tu calmeras Ninus au fond de fon tombeau.

C'eft ainfi que des Dieux l'ordre éternel s'explique.

Je connais vos deffeins & votre politique,

Vous voulez dans l'état vous former un parti ;

Vous m'oppofez le fang dont vous êtes forti ;

De vous & d'Azéma mon fucceffeur peut naître;
Vous briguez cet hymen, elle y prétend peut-être.
Mais moi , je ne veux pas que vos droits & les
    fiens ,
Enfemble confondus , s'arment contre les miens :
Telle eft ma volonté, conftante, irrévocable.
C'eft à vous de juger fi le Dieu qui m'accable
A laiffé quelque force à mes fens interdits ,
Si vous reconnaiffez encor Sémiramis ,
Si je peux foutenir la majefté du thrône.
Je vais donner , Seigneur, un maître à Babylone ;
Mais foit qu'un fi grand choix honore un autre ou
    vous ,
Je ferai fouveraine en prenant un époux,
Affemblez feulement les princes & les mages ,
Qu'ils viennent à ma voix joindre ici leurs fuffrages;
Le don de mon empire & de ma liberté
Eft l'acte le plus grand de mon autorité.
Loin de le prévenir qu'on l'attende en filence.
Le ciel à ce grand jour attache fa clémence;
Tout m'annonce des Dieux qui daignent fe calmer;
Mais c'eft le repentir qui doit les défarmer;
Croyez-moi, les remords, à vos yeux méprifables ,
Sont la feule vertu qui refte à des coupables;
Je vous parais timide & faible , déformais
Connaiffez la faibleffe, elle eft dans les forfaits;

Cette crainte n'eft pas honteufe au diadême,
Elle convient aux rois, & fur-tout à vous-même ;
Et je vous apprendrai qu'on peut fans s'avilir
S'abaiffer fous les Dieux, les craindre & les fervir.

SCENE VIII.
ASSUR *feul.*

QUels difcours étonnants ! quels projets ! quel
   langage !
Eft-ce crainte, artifice, ou faibleffe, ou courage ?
Prétend-elle en cédant raffermir fes deftins ;
Et s'unit-elle à moi pour tromper mes deffeins ?
A l'himen d'Azéma je ne dois point prétendre !
C'eft m'affurer du fien que je dois feul attendre.
Ce que n'ont pû mes foins & nos communs forfaits,
L'hommage dont jadis je flattai fes attraits,
Mes brigues, mon dépit, la crainte de fa chute ,
Un oracle d'Egypte, un fonge l'éxécute ?
Quel pouvoir inconnu gouverne les humains !
Que de faibles refforts font d'illuftres deftins !
Doutons encor de tout, voyons encor la Reine.
Sa réfolution me paraît trop foudaine,
Trop de foins, à mes yeux, paraiffent l'occuper ;
Et qui change aifément, eft faible, ou veut tromper.

Fin du fecond Acte.

G iij

ACTE III.

SCENE I.

SE'MIRAMIS, OTANE.

Le théatre représente un cabinet
du palais.

SE'MIRAMIS.

Otane, qui l'eût crû, que les Dieux en colere,
Me tendoient en effet une main salutaire ;
Qu'ils ne m'épouvantoient que pour se désarmer ?
Ils ont ouvert l'abîme & l'ont daigné fermer ,
C'est la foudre à la main qu'ils m'ont donné ma grace,
Ils ont changé mon sort ; ils ont conduit Arzace ;
Ils veulent mon himen ; ils veulent expier
Par ce lien nouveau , les crimes du premier.
Non, je ne doute plus que des cœurs ils disposent :
Le mien vole au-devant de la loi qu'ils m'imposent.
Arzace ! c'en est fait, je me rends , & je voi
Que tu devois régner sur le monde & sur moi.

OTANE.

Arzace ! Lui ?

SEMIRAMIS.

Tu fais qu'aux plaines de Scitie,
Quand je vangeois la Perfe, & fubjuguois l'Afie,
Ce héros, (fous fon pere il combattoit alors)
Ce héros entouré de captifs & de morts,
M'offrit, en rougiffant, de fes mains triomphantes,
Des ennemis vaincus les dépouilles fanglantes :
A fon premier afpect tout mon cœur étonné
Par un pouvoir fecret fe fentit entraîné ;
Je n'en pus affaiblir le charme inconcevable ;
Le refte des mortels me fembla méprifable ;
Affur qui m'obfervoit ne fut que trop jaloux :
Dès lors le nom d'Arzace aigriffoit fon couroux :
Mais l'image d'Arzace occupa ma penfée,
Avant que de nos Dieux la main me l'eut tracée,
Avant que cette voix qui commande à mon cœur,
Me défignât Arzace, & nommât mon vainqueur.

OTANE.

C'eft beaucoup abaiffer ce fuperbe courage
Qui des maîtres du Gange a dédaigné l'hommage,
Qui n'écoutant jamais de faibles fentimens,
Veut des rois pour fujets, & non pas pour amans.
Vous avez méprifé jufqu'à la beauté même,
Dont l'empire accroiffoit votre empire fuprême :
Et vos yeux fur la terre exerçoient leur pouvoir,
Sans que vous daignaffiez vous en apercevoir.

Quoi, de l'amour enfin connaiſſez-vous les charmes ?
Et pouvez-vous paſſer de ces ſombres allarmes
Au tendre ſentiment qui vous parle aujourd'hui?

SE'MIRAMIS.

Non, ce n'eſt point l'amour qui m'entraîne vers lui :
Mon ame par les yeux ne peut être vaincue.
Ne crois pas qu'à ce point de mon rang deſcendue,
Ecoutant dans mon trouble un charme ſuborneur,
Je donne à la beauté le prix de la valeur ;
Je crois ſentir du moins de plus nobles tendreſſes.
Malheureuſe ! eſt-ce à moi d'éprouver des faibleſſes !
De connaître l'amour & ſes fatales loix !
Otáne, que veux-tu : je fus mere autrefois ;
Mes malheureuſes mains à peine cultiverent
Ce fruit d'un triſte hymen que les Dieux m'enleve-
     rent.
Seule en proie aux chagrins qui venoient m'allarmer,
N'ayant autour de moi, rien que je puſſe aimer,
Sentant ce vuide affreux de ma grandeur ſuprême ,
M'arrachant à ma cour & m'évitant moi-même ,
J'ai cherché le repos dans ces grands monumens ,
D'une ame qui ſe fuit trompeurs amuſemens.
Le repos m'échappoit , je ſens que je le trouve :
Je m'étonne en ſecret du charme que j'éprouve,
Arzace me tient lieu d'un époux & d'un fils ,
Et de tous mes travaux & du monde ſoumis.

Que je vous dois d'encens , ô puissance céleste,
Qui me forçant de prendre un joug jadis funeste,
Me préparez au nœud que j'avois abhorré
En m'embrasant d'un feu par vous-même inspiré !

OTANE.

Mais vous avez prévû la douleur & la rage ,
Dont va frémir Assur à ce nouvel outrage.
Car enfin il se flate , & la commune voix
A fait tomber sur lui l'honneur de votre choix :
Il ne bornera pas son dépit à se plaindre.

SÉMIRAMIS.

Je ne l'ai point trompé , je ne veux pas le craindre ;
J'ai sçû quinze ans entiers , quelque fût son projet ,
Le tenir dans le rang de mon premier sujet ;
A son ambition , pour moi toujours suspecte ,
Je prescrivis quinze ans les bornes qu'il respecte.
Je régnois seule alors , & si ma faible main
Mit à ses vœux hardis ce redoutable frein,
Que pourront désormais sa brigue & son audace
Contre Sémiramis unie avec Arzace ?
Oui , je crois que Ninus content de mes remords ,
Pour presser cet himen quitte le sein des morts.
Sa grande ombre , en effet , déja trop offensée ,
Contre Sémiramis seroit trop courroucée ;
Elle verroit donner avec trop de douleur ,
Sa couronne & son lit à son empoisonneur ;

Du fein de fon tombeau voila ce qui l'appelle :
Les oracles d'Ammon s'accordent avec elle ;
La vertu d'Oroès ne me fait plus trembler :
Pour entendre mes loix je l'ai fait appeller,
Je l'attends.

OTANE.

Son crédit, fon facré caractère
Peut appuyer le choix que vous prétendez faire.

SE'MIRAMIS.

Sa voix achevera de raffurer mon cœur.

OTANE.

Il vient.

SCENE II.

SE'MIRAMIS, OROE'S.

SE'MIRAMIS.

D E Zoroaftre augufte fucceffeur ;
Je vais nommer un roi, vous couronnez fa tête,
Tout eft-il préparé pour cette augufte fête ?

OROE'S.

Les mages & les grands attendent votre choix ;
Je remplis mon devoir & j'obéis aux rois ;
Le foin de les juger n'eft point notre partage,
C'eft celui des Dieux feuls.

SE'MIRAMIS.

A ce fombre langage,

On diroit qu'en fecret vous condamnez mes vœux.

OROE'S.

Je ne les connais pas ; puiffent-ils être heureux.

SE'MIRAMIS.

Mais vous interprétez les volontés céleftes.

Ces fignes que j'ai vûs me feroient-ils funeftes ?

Une ombre , un Dieu peut-être , à mes yeux s'eft

    montré ,

Dans le fein de la terre il eft foudain rentré.

Quel pouvoir a brifé l'éternelle barrière

Dont le ciel fépara l'enfer & la lumière ?

D'où vient que les humains malgré l'arrêt du fort ,

Reviennent à mes yeux du féjour de la mort ?

OROE'S.

Du ciel quand il le faut la juftice fuprême ,

Sufpend l'ordre éternel établi par lui-même :

Il permet à la mort d'interrompre fes loix

Pour l'effroi de la terre & l'exemple des rois.

SEMIRAMIS.

Les oracles d'Ammon veulent un facrifice.

OROE'S.

Il fe fera, Madame...

SE'MIRAMIS.

        Eternelle juftice ,

Qui lifez dans mon ame avec des yeux vengeurs,

Ne la rempliffez plus de nouvelles horreurs ,

De mon premier himen oubliez l'infortune !
           à Oroès qui s'éloignoit.
Revenez.

            OROE'S, *revenant.*
           Je croyois ma préfence importune.
            SE'MIRAMIS.
Répondez : ce matin aux pieds de vos autels ,
Arzace a préfenté des dons aux immortels.

            OROE'S.
Oui, ces dons leur font chers , Arzace a fçu leur
      plaire.
            SE'MIRAMIS.
Je le crois ; & ce mot me raffure & m'éclaire.
Puis-je d'un fort heureux me repofer fur lui ?
           ·OROE'S.
Arzace de l'empire eft le plus digne appui ,
Les Dieux l'ont amené , fa gloire eft leur ouvrage.
            SE'MIRAMIS.
J'accepte avec tranfport ce fortuné préfage ,
L'efpérance & la paix reviennent me calmer ;
Allez ; qu'un pur encens recommence à fumer ;
De vos mages, de vous, que la préfence augufte ,
Sur l'himen le plus grand , fur le choix le plus jufte,
Attirent de nos Dieux les regards fouverains :
Puiffent de cet état les éternels deftins
Reprendre avec les miens une fplendeur nouvelle !
Hâtez de ce beau jour la pompe folemnelle ,
Allez.

SCENE III.
SE'MIRAMIS, OTANE,

SE'MIRAMIS.

Ainſi le ciel eſt d'accord avec moi ;
Je ſuis ſon interpréte, en choiſiſſant un roi.
Que je vais l'étonner , par le don d'un empire !
Qu'il eſt loin d'eſpérer ce moment où j'aſpire !
Qu'Aſſur & tous les ſiens vont être humiliés !
Quand j'aurai dit un mot, la terre eſt à ſes pieds.
Combien à mes bontés il faudra qu'il réponde !
Je l'épouſe , & pour dot, je lui donne le monde.
Enfin ma gloire eſt pure & je puis la gouter.

SCENE IV.
SE'MIRAMIS, OTANE, MITRANE,
Un Officier du Palais.

OTANE.

ARzace à vos genoux demande à ſe jetter ,
Daignez à ſes douleurs accorder cette grace.
SE'MIRAMIS.
Quel chagrin près de moi peut occuper Arzace ?

De mes chagrins lui feul a diffipé l'horreur :

Qu'il vienne ; il ne fait pas ce qu'il peut fur mon
    cœur.

Vous dont le fang s'appaife, & dont la voix m'infpire,

O manes redoutés, & vous Dieux de l'empire,

Dieux des Affyriens, de Ninus, de mon fils,

Pour le favorifer, foyez tous réunis.

Quel trouble en le voyant m'a foudain pénétrée !

＝＝＝＝＝＝＝＝＝＝＝

SCENE V.

SE'MIRAMIS, ARZACE.

ARZACE.

O Reine, à vous fervir ma vie eft confacrée ;

Je vous devois mon fang, & quand je l'ai verfé,

Puifqu'il coula pour vous, je fus récompenfé.

Mon pere avoit joui de quelque renommée ;

Mes yeux l'ont vû mourir, commandant votre armée :

Il a laiffé, Madame, à fon malheureux fils

Des éxemples frappans, peut-être mal fuivis ;

Je n'ofe devant vous rappeller la mémoire

Des fervices d'un pere & de fa faible gloire,

Qu'afin d'obtenir grace à vos facrés genoux,

Pour un fils téméraire & coupable envers vous ;

Qui de ſes vœux hardis écoutant l'imprudence,
Craint même en vous ſervant de vous faire une of-
    fenſe.

SE'MIRAMIS.

Vous m'offenſer ? qui, vous ? ah ! ne le craignez pas.

ARZACE.

Vous donnez votre main, vous donnez vos états.
Sur ces grands intérêts, ſur ce choix que vous faites,
Mon cœur doit renfermer ſes plaintes indiſcrétes.
Je dois dans le ſilence, & le front proſterné,
Attendre avec cent rois qu'un roi nous ſoit donné,
Mais d'Aſſur hautement le triomphe s'apprête;
D'un pas audacieux il marche à ſa conquête ;
Le peuple nomme Aſſur, il eſt de votre ſang ;
Puiſſe-t'il mériter & ſon nom & ſon rang !
Mais enfin je me ſens l'ame trop élevée,
Pour adorer ici la main que j'ai bravée,
Pour me voir écraſé de ſon orgueil jaloux.
Souffrez que loin de lui, malgré moi, loin de vous ,
Je retourne aux climats où je vous ai ſervie,
J'y ſuis aſſez puiſſant contre ſa tyrannie,
Si des bienfaits nouveaux dont j'oſe me flater...

SE'MIRAMIS.

Ah ! que m'avez-vous dit ? vous, fuir ? vous me
    quitter ?
Vous pourriez craindre Aſſur ?

ARZACE.

Non. Ce cœur téméraire
Craint dans le monde entier votre feule colère.
Peut-être avez vous fçû mes defirs orgueilleux,
Votre indignation peut confondre mes vœux,
Je tremble.

SE'MIRAMIS.

Efpérez tout ; je vous ferai connaître,
Qu'Affur en aucun temps ne fera votre maître.

ARZACE.

Eh bien ! je l'avouerai, mes yeux avec horreur
De votre époux en lui verroient le fuccelleur.
Mais s'il ne peut prétendre à ce grand hymenée,
Verra-t'on à fes loix Azéma deftinée ?
Pardonnez à l'excès de ma préfomption,
Ne redoutez-vous point fa fourde ambition ?
Jadis à Ninias Azéma fut unie,
C'eft dans le même fang qu'Affur puifa la vie,
Je ne fuis qu'un fujet, mais j'ofe contre lui...

SE'MIRAMIS.

Des fujets tels que vous font mon plus noble
    appui.
Je fai vos fentimens, votre ame peu commune
Chérit Sémiramis & non pas ma fortune ;
Sur mes vrais intérêts vos yeux font éclairez :
Je vous en fais l'arbitre & vous les foutiendrez.

D'Affur

D'Aſſur & d'Azéma je romps l'intelligence ;
J'ai prévû les dangers d'une telle alliance ;
Je ſai tous ſes projets, ils ſeront confondus.

ARZACE.

Ah ! puiſqu'ainſi mes vœux ſont par vous entendus,
Puiſque vous avez lû dans le fond de mon ame...

AZE'MA, *arrive avec précipitation.*

Reine, j'oſe à vos pieds.

SE'MIRAMIS, *relevant Azéma.*

Raſſurez-vous, Madame,
Quelque ſoit mon époux, je vous garde en ces lieux
Un ſort & des honneurs dignes de vos ayeux ;
Deſtinée à mon fils vous m'êtes toujours chere,
Et je vous vois encore avec des yeux de mere.
Placez-vous l'un & l'autre avec ceux que ma voix
A nommés pour témoins de mon auguſte choix :

à Arʒace.

Que l'appui de l'état ſe range auprès du thrône.

H

SCENE VI.

*Le cabinet où étoit Sémiramis fait place à
un grand salon magnifiquement orné. Plufieurs officiers avec les marques de leurs digni-
tés font fur des gradins. Un thrône eft placé
au milieu du falon. Les fatrapes font auprès
du thrône. Le grand-prêtre entre avec les
mages. Il fe place debout entre Affur &
Arzace. La Reine eft au milieu avec Azéma &
fes femmes. Des gardes occupent le fond du
falon.*

OROE'S.

PRinces, mages, guerriers, foutiens de Babylone,
Par l'ordre de la Reine en ces lieux raffemblés,
Les décrets de nos Dieux vous feront révélés :
Ils veillent fur l'empire, & voici la journée
Qu'à de grands changemens ils avoient deftinée.
Quelque foit le monarque & quelque foit l'époux,
Que la Reine ait choifi pour l'élever fur nous,
C'eft à nous d'obéir. J'apporte au nom des mages
Ce que je dois aux rois ; des vœux & des hommages,
Des fouhaits pour leur gloire, & furtout pour l'état.
Puiffent ces jours nouveaux de grandeur & d'éclat
N'être jamais changés en des jours de ténébres :
Ni ces chants d'allégreffe en des plaintes funébres.

AZE'MA.

Pontife, & vous feigneurs, on va nommer un roi :
Ce grand choix, tel qu'il foit, peut n'offenfer que
   moi.
Mais je naquis fujette, & je le fuis encore ;
Je m'abandonne aux foins dont la Reine m'honore ;
Et fans ofer prévoir un finiftre avenir,
Je donne à fes fujets l'éxemple d'obéir.

ASSUR.

Quoiqu'il puiffe arriver, quoique le ciel décide,
Que le bien de l'état à ce grand jour préfide.
Jurons tous par ce thrône & par Sémiramis,
D'être à ce choix augufte aveuglément foumis,
D'obéir fans murmure au gré de fa juftice.

ARZACE.

Je le jure ; & ce bras armé pour fon fervice,
Ce cœur à qui fa voix commande après les Dieux,
Ce fang dans les combats répandu fous fes yeux,
Sont à mon nouveau maître, avec le même zéle
Qui fans fe démentir les anima pour elle.

LE GRAND-PRETRE.

De la Reine & des Dieux j'attends les volontez.

SE'MIRAMIS.

Il fuffit, prenez place, & vous peuple, écoutez :
    (Elle s'affied fur le thrône.)

Azéma, Assur, le grand prêtre, Arzace prennent
leurs places ; elle continue :

Si la terre, quinze ans de ma gloire occupée,
Révéra dans ma main le sceptre avec l'épée,
Dans cette même main qu'un usage jaloux
Destinoit au fuseau sous les loix d'un époux ;
Si j'ai, de mes sujets surpassant l'espérance,
De cet empire heureux porté le poids immense :
Je vais le partager pour le mieux maintenir,
Pour étendre sa gloire aux siécles à venir,
Pour obéir aux Dieux, dont l'ordre irrévocable
Fléchit ce cœur altier si long temps indomptable.
Ils m'ont ôté mon fils ; puissent-ils m'en donner
Qui, dignes de me suivre & de vous gouverner,
Marchant dans les sentiers que fraya mon courage,
Des grandeurs de mon regne éternisent l'ouvrage !
J'ai pû choisir, sans doute entre des souverains,
Mais ceux dont les états entourent mes confins,
Ou sont mes ennemis, ou sont mes tributaires ;
Mon sceptre n'est point fait pour leurs mains étran-
        gères,
Et mes premiers sujets sont plus grands à mes yeux,
Que tous ces rois vaincus par moi-même ou par eux,
Bélus naquit sujet ; s'il eût le diadême,
Il le dût à ce peuple, il le dût à lui-même :
J'ai par les mêmes droits le sceptre que je tiens.
Maîtresse d'un état plus vaste que les siens,

J'ai rangé fous vos loix vingt peuples de l'aurore,
Qu'au fiécle de Bélus on ignoroit encore :
Tout ce qu'il entreprit, je le fçus achever.
Ce qui fonde un état le peut feul conferver.
Il vous faut un héros digne d'un tel empire ,
Digne de tels fujets, & fi j'ofe le dire ,
Digne de cette main qui va le couronner ,
Et du cœur indompté que je vais lui donner.
J'ai confulté les loix , les maîtres du tonnerre ,
L'intérêt de l'état , l'intérêt de la terre ;
Je fais le bien du monde en nommant un époux.
Adorez le héros qui va régner fur vous ;
Voyez revivre en lui les princes de ma race.
Ce héros , cet époux , ce monarque , eft Arzace.

Elle defcend du thrône , & tout le monde fe leve.

AZÉMA.

Arzace ! ô perfidie !

ASSUR.

O vengeance, ô fureurs !

ARZACE *à Azéma.*

Ah ! croyez. . . .

OROÈS.

Jufte ciel ! écartez ces horreurs !

SÉMIRAMIS.

Avançant fur la fcène , & s'adreffant aux mages.
Vous qui fanctifiez de fi pures tendreffes ,
Venez fur les autels garantir nos promeffes ,

Ninus & Ninias vous font rendus en lui.

Le tonnerre gronde, & le tombeau paroît s'ébranler.
Ciel ! qu'eft-ce que j'entens?

                    O R O E' S.

                        Dieux ! foyez notre appui.

            S E' M I R A M I S.

Le ciel tonne fur nous, eft-ce faveur ou haine ?
Grace, Dieux tout-puiffans ! qu'Arzace me l'ob-
    tienne.
Quels funébres accens redoublent mes terreurs !
La tombe s'eft ouverte ; il paroît ... ciel !.. je
    meurs...

            L'ombre de Ninus fort de fon tombeau.

            A S S U R.

L'ombre de Ninus même, ô Dieux eft-il poffible !

            A R Z A C E.

Eh bien ! qu'ordonnes-tu ? parle-nous Dieu terrible.

            A S S U R.

Parle.

            S E' M I R A M I S.

    Veux-tu me perdre, ou veux-tu pardonner ?
C'eft ton fceptre & ton lit que je viens de donner,
Juge fi ce héros eft digne de ta place...
Prononce. J'y confens.

            L'O M B R E *à Arzace.*

            Tu regneras, Arzace.

Mais il eſt des forfaits que tu dois expier.

Dans ma tombe, à ma cendre, il faut ſacrifier ;

Sers & mon fils & moi, ſouviens-toi de ton pere,

Ecoute le Pontife.

ARZACE.

Ombre que je révére,

Demi-Dieu dont l'eſprit anime ces climats,

Ton aſpect m'encourage, & ne m'étonne pas.

Oui, j'irai dans ta tombe au péril de ma vie :

Acheve, que veux-tu que ma main ſacrifie !

L'ombre retourne de ſon eſtrade à la porte du tombeau.

Il s'éloigne, il nous fuit.

SE'MIRAMIS.

Ombre de mon époux,

Permets qu'en ce tombeau j'embraſſe tes genoux,

Que mes regrets.....

L'OMBRE *à la porte du tombeau.*

Arrête, & reſpecte ma cendre,

Quand il en ſera temps, je t'y ferai deſcendre.

Le ſpectre rentre, & le mauzolée ſe referme.

ASSUR.

Quel horrible prodige !

SE'MIRAMIS.

O peuples ſuivez-moi,

Venez tous dans ce temple, & calmez votre effroi,

Les manes de Ninus ne font point implacables :
S'ils protégent Arzace , ils me font favorables ;
C'eft le ciel qui m'infpire , & qui vous donne un
　　　roi :
Venez tous l'implorer pour Arzace & pour moi.

Fin du troifiéme Acte.

ACTE

ACTE IV.

Le théâtre repréſente le veſtibule du temple.

SCENE I.

ARZACE, AZÉMA.

ARZACE.

N'Irritez point mes maux, ils m'accablent aſſez.
Cet oracle eſt affreux plus que vous ne penſez.
Des prodiges ſans nombre étonnent la nature,
Le ciel m'a tout ravi, je vous perds.

AZE'MA.

Ah ! parjure,
Va, ceſſe d'ajouter aux horreurs de ce jour
L'indigne ſouvenir de ton perfide amour.
Je ne combattrai point la main qui te couronne,
Les morts qui t'ont parlé, ton cœur qui m'aban-
 donne ;
Des prodiges nouveaux qui me glacent d'effroi,
Ta barbare inconſtance eſt le plus grand pour moi.

I

Acheve,, rends Ninus à ton crime propice ,
Commence ici par moi ton affreux facrifice :
Frappe ingrat.

ARZACE.

C'en eft trop , mon cœur défefpéré
Contre ces derniers traits n'étoit point préparé.
Vous voyez trop , cruelle, à ma douleur profonde ,
Si ce cœur vous préfere à l'empire du monde ;
Ces victoires , ce nom, dont j'étois fi jaloux ,
Vous en étiez l'objet ; j'avois tout fait pour vous.
Et mon ambition au comble parvenue ,
Jufqu'à vous mériter avoit porté fa vue.
Sémiramis m'eft chere ; oui, je dois l'avouer,
Votre bouche avec moi confpire à la louer ;
Nos yeux la regardoient comme un Dieu tutélaire
Qui de nos chaftes feux protégeoit le miftère.
C'eft avec cette ardeur & ces vœux épurés ,
Que peut être les Dieux veulent être adorés.
Jugez de ma furprife au choix qu'a fait la Reine :
Jugez du précipice où ce choix nous entraîne ;
Apprenez tout mon fort.

AZE'MA.

Je le fai.

ARZACE.

Apprenez
Que l'empire ni vous ne me font deftinez ;

Ce fils qu'il faut fervir, ce fils de Ninus même,
Cet unique héritier de la grandeur fuprême...

AZE'MA.

Eh bien ?

ARZACE.

Ce Ninias qui prefque en fon berceau,
De l'himen avec vous alluma le flambeau,
Qui naquit à la fois mon rival & mon maître...

AZE'MA.

Ninias !

ARZACE.

Il refpire, il vient, il va paraître.

AZE'MA.

Ninias, jufte ciel ! eh quoi, Sémiramis !

ARZACE.

Jufqu'à ce jour trompée elle a pleuré fon fils,

AZE'MA.

Ninias eft vivant !

ARZACE.

C'eft un fecret encore
Renfermé dans le temple & que la Reine ignore.

AZE'MA.

Mais Ninus te couronne & fa veuve eft à toi.

ARZACE.

Mais fon fils eft à vous ; mais fon fils eft mon roi;

Mais je dois le fervir. Quel oracle funefte !

AZÉMA.

L'amour parle ; il fuffit ; que m'importe le refte ?
Ses ordres plus certains n'ont point d'obfcurité ;
Voila mon feul oracle, il doit être écouté.
Ninias eft vivant ! eh bien, qu'il reparaiffe ;
Que fa mere à mes yeux atteftant fa promeffe,
Que fon pere avec lui rappellé du tombeau
Rejoignent ces liens formés dans mon berceau ;
Que Ninias mon roi, ton rival & ton maître,
Ait pour moi tout l'amour que tu me dois peut--
       être ;
Viens voir tout cet amour devant toi confondu,
Vois fouler à mes pieds le fceptre qui m'eft dû.
Où donc eft Ninias ? quel fecret, quel miftère
Le dérobe à ma vûe & le cache à fa mere ?
Qu'il revienne en un mot ; lui, ni Sémiramis,
Ni ces manes facrés que l'enfer a vomis,
Ni le renverfement de toute la nature,
Ne pourront de mon ame arracher un parjure.
Arzace, c'eft à toi de te bien confulter ;
Vois fi ton cœur m'égale & s'il m'ofe imiter.
Quels font donc ces forfaits que l'enfer en furie,
Que l'ombre de Ninus ordonnent qu'on expie ?
Cruel ! fi tu trahis un fi facré lien,
Je ne connais ici de crimes que le tien.

Je vois de tes deftins le fatal interpréte,
Pour te dicter leurs loix fortir de fa retraite ;
Le malheureux amour dont tu trahis la foi,
N'eft point fait pour paraître entre les Dieux & toi.
Va recevoir l'arrêt dont Ninus nous menace,
Ton fort dépend des Dieux, le mien dépend d'Arzace.

Elle fort.

ARZACE.

Arzace eft à vous feule. Ah ! cruelle, arrêtez,
Quel mélange d'horreurs & de félicités ?
Quels étonnans deftins l'un à l'autre contraires !...

SCENE II.

ARZACE, OROE'S, *fuivi des Mages.*

OROE'S, *à Arzace.*

Venez, retirons-nous vers ces lieux folitaires,
Je vois quel trouble affreux a dû vous pénétrer ;
A de plus grands affauts il faut vous préparer.

Aux Mages.

Apportez ce bandeau d'un Roi que je revère ;
Prenez ce fer facré, cette lettre.

*Les Mages vont chercher ce que
le Grand-Prêtre demande.*

ARZACE.

O mon pere !

I iij

Tirez-moi de l'abîme où mes pas font plongés ,
Levez le voile affreux dont mes yeux font chargés.

OROE'S.

Le voile va tomber , mon fils , & voici l'heure
Où dans fa redoutable & profonde demeure,
Ninus attend de vous pour appaifer fes cris ,
L'offrande réfervée à fes manes trahis.

ARZACE.

Quel ordre , quelle offrande? & qu'eft-ce qu'il dé-
fire?
Qui. Moi ! venger Ninus , & Ninias refpire !
Qu'il vienne , il eft mon Roi , mon bras va le fervir.

OROE'S.

Son pere a commandé, ne fachez qu'obéir.
Dans une heure à fa tombe , Arzace , il faut vous
rendre ,

Il donne le diadême & l'épée à Ninias.

Armé du fer facré que vos mains doivent prendre;
Ceint du même bandeau que fon front a porté ,
Et que vous-même ici vous m'avez préfenté.

ARZACE.

Du bandeau de Ninus ?

OROE'S.

Ses manes le commandent :
C'eft dans cet appareil , c'eft ainfi qu'ils attendent
Ce fang qui devant eux doit être offert par vous.

Ne fongez qu'à frapper, à fervir leur couroux;
La victime y fera; c'eft affez vous inftruire.
Repofez-vous fur eux du foin de la conduire.

ARZACE.

S'il demande mon fang, difpofez de ce bras.
Mais vous ne parlez point, Seigneur, de Ninias:
Vous ne me dites point comment fon pere même
Me donneroit fa femme avec fon diadême?

OROE'S.

Sa femme, vous! la Reine! ô ciel, Sémiramis!
Eh bien, voici l'inftant que je vous ai promis,
Connaiffez vos deftins & cette femme impie.

ARZACE.

Grands Dieux!

OROE'S.

De fon époux elle a tranché la vie.

ARZACE.

Elle! la Reine!

OROE'S.

Affur, l'opprobre de fon nom,
Le déteftable Affur a donné le poifon.

ARZACE, *après un peu de filence.*

Ce crime dans Affur n'a rien qui me furprenne:
Mais croirai-je en effet qu'une époufe, une Reine
L'amour des nations, l'honneur des fouverains,
D'un attentat fi noir ait pu fouiller fes mains?

I iv

A-t-on tant de vertus après un fi grand crime ?

O R O E' S.

Ce doute, cher Arzace , eft d'un cœur magnanime ;
Mais ce n'eft plus le temps de rien diffimuler :
Chaque inftant de ce jour eft fait pour révéler
Les effrayans fecrets dont frémit la nature ;
Elle vous parle ici ; vous fentez fon murmure ;
Votre cœur , malgré vous , gémit épouvanté .
Ne foyez plus furpris fi Ninus irrité
Eft monté de la terre à ces voutes impies :
Il vient brifer des nœuds tiffus par les furies ,
Il vient montrer au jour des crimes impunis ,
Des horreurs de l'incefte il vient fauver fon fils ;
Il parle , il vous attend , connaiffez votre pere ;
Vous êtes Ninias ; la Reine eft votre mere.

A R Z A C E.

De tous ces coups mortels , en un moment frappé ,
Dans la nuit du trépas je refte enveloppé :
Moi , fon fils ? moi ?

O R O E' S.

   Vous-même : en doutez-vous encore ?
Apprenez que Ninus , à fa derniere aurore ,
Sûr qu'un poifon mortel en terminoit le cours ,
Et que le même crime attentoit fur vos jours ,
Qu'il attaquoit en vous les fources de la vie ,
Vous arracha mourant à cette cour impie ,

Affur comblant fur vous fes crimes inouïs,
Pour époufer la mere empoifonna le fils :
Il crut que de fes rois exterminant la race,
Le thrône étoit ouvert à fa perfide audace ;
Et lorfque le palais déploroit votre mort,
Le fidéle Phradate eut foin de votre fort.

Ces végétaux puiffants, qu'en Perfe on voit éclore,
Bienfaits nés dans fes champs de l'aftre qu'elle
    adore,
Par les foins de Phradate, avec art préparés,
Firent fortir la mort de vos flancs déchirés ;
De fon fils qu'il perdit, il vous donna la place ;
Vous ne fûtes connu que fous le nom d'Arzace ;
Il attendoit le jour d'un heureux changement ;
Dieu qui juge les rois en ordonne autrement.
La vérité terrible eft du ciel defcendue,
Et du fein des tombeaux la vengeance eft venue.

ARZACE.

Dieu, maître des deftins, fuis-je affez éprouvé ?
Vous me rendez la mort dont vous m'avez fauvé.
Eh bien Sémiramis... oüi, je reçus la vie
Dans le fein des grandeurs & de l'ignominie.
Ma mere... ô ciel ! Ninus ! ah ! quel aveu cruel !
Mais fi le traître Affur étoit feul criminel,
S'il fe pouvoit...

O R O E' S *prenant la lettre & la lui donnant.*
Voici ces facrés caractères,
Ces garants trop certains de ces cruels miftères ;
Le monument du crime eft ici fous vos yeux.
Douterez-vous encor ?

ARZACE.
Que ne le puis-je, ô Dieux !
Donnez, je n'aurai plus de doute qui me flatte,
Donnez.

(Il lit.)
Ninus mourant, au fidéle Phradate.
Je meurs empoifonné, prenez foin de mon fils :
Arrachez Ninias à des bras ennemis ;
Ma criminelle époufe...

O R O E' S.
En faut-il davantage ?
C'eft de vous que je tiens cet affreux témoignage ;
Ninus n'acheva point ; l'approche de la mort
Glaça fa faible main qui traçoit votre fort :
Phradate en cet écrit vous apprend tout le refte ;
Lifez, il vous confirme un fecret fi funefte.
Il fuffit ; Ninus parle, il arme votre bras,
De fa tombe à fon thrône il va guider vos pas,
Il veut du fang.

ARZACE, *après avoir lû.*
O jour trop fécond en miracles !
Enfer, qui m'as parlé, tes funeftes oracles

Sont plus obscurs encor à mon esprit troublé,
Que le sein de la tombe où je suis appellé.
Au sacrificateur on cache la victime,
Je tremble sur le choix.

O R O E' S.

Tremblez, mais sur le crime.
Allez, dans les horreurs dont vous êtes troublé,
Le ciel vous conduira, comme il vous a parlé.
Ne vous regardez plus comme un homme ordi-
    naire ;
Des éternels décrets sacré dépositaire,
Marqué du sceau des Dieux, séparé des humains,
Avancez dans la nuit qui couvre vos destins.
Mortel, faible instrument des Dieux de vos ancêtres,
Vous n'avez pas le droit d'interroger vos maîtres ;
A la mort échappé, malheureux Ninias,
Adorez, rendez grace & ne murmurez pas.

SCENE III.

ARZACE, MITRANE.

ARZACE.

Non, je ne reviens point de cet état horrible ;
Sémiramis ! ma mere ! ô ciel est-il possible !

MITRANE, *arrivant.*

Babylone, Seigneur, en ce commun effroi,
Ne peut se raſſurer qu'en revoyant ſon Roi ;
Souffrez que le premier je vienne reconnaître,
Et l'époux de la Reine & mon auguſte maître.
Sémiramis vous cherche, elle vient ſur mes pas ;
Je bénis ce moment qui la met dans vos bras.
Vous ne répondez point. Un déſeſpoir farouche
Fixe vos yeux troublés & vous ferme la bouche,
Vous paliſſez d'effroi, tout votre corps frémit.
Qu'eſt-ce qui s'eſt paſſé ? qu'eſt-ce qu'on vous a dit ?

ARZACE.

Fuyons vers Azéma ;

MITRANE.

                  Quel étonnant langage ?
Seigneur, eſt-ce bien vous ? faites-vous cet outrage
Aux bontés de la Reine, à ſes feux, à ſon choix,
A ce cœur qui pour vous dédaigna tant de Rois ?
Son eſpérance en vous eſt-elle confondue ?

ARZACE.

Dieux ! c'eſt Sémiramis, qui ſe montre à ma vûe !
O tombe de Ninus, ô ſéjour des enfers,
Cachez ſon crime & moi dans vos goufres ouverts.

SCENE IV.

SÉMIRAMIS, ARZACE.

SÉMIRAMIS.

ON n'attend plus que vous ; venez maître du
    monde ;
Son fort, comme le mien, fur mon himen fe fonde ;
Je vois avec tranfport ce figne révéré,
Qu'a mis fur votre front un pontife infpiré,
Ce facré diadême, affuré témoignage
Que l'enfer & le ciel confirment mon fuffrage.
Tout le parti d'Affur frappé d'un faint refpect,
Tombe à la voix des Dieux,& tremble à mon afpect ;
Ninus veut une offrande, il en eft plus propice :
Pour hâter mon bonheur, hâtez ce facrifice.
Tous les cœurs font à nous, tout le peuple ap-
    plaudit ;
Vous regnez, je vous aime, Affur en vain frémit.

ARZACE, *hors de lui.*

Affur ! allons. . . il faut dans le fang du perfide. . .
Dans cet infame fang lavons fon parricide,
Allons venger Ninus. . .

SÉMIRAMIS.

Qu'entends-je ! jufte ciel !

Ninus !

ARZACE, *d'un air égaré.*

Vous m'avez dit que fon bras criminel

Revenant à lui.

Avoit... que l'infolent s'arme contre fa Reine ,
Et n'eft-ce pas affez pour mériter ma haine !

SÉMIRAMIS.

Commencez la vengeance en recevant ma foi.

ARZACE.

Mon pere !

SÉMIRAMIS.

Ah ! quels regards vos yeux lancent fur moi !
Arzace , eft-ce donc là ce cœur foumis & tendre
Qu'en vous donnant ma main j'ai cru devoir attendre ?
Je ne m'étonne point que ce prodige affreux ,
Que les morts déchaînés du féjour ténébreux ,
De la terreur en vous laiffent encor la trace ;
Mais j'en fuis moins troublée en revoyant Arzace.
Ah ! ne répandez pas cette funefte nuit
Sur ces premiers momens du beau jour qui me luit.
Soyez tel qu'à mes pieds je vous ai vû paraître ,
Lorfque vous redoutiez d'avoir Affur pour maître ;
Ne craignez point Ninus & fon ombre en couroux,
Arzace , mon apui, mon fecours, mon époux ;

Cher prince...

ARZACE, *se détournant.*

C'en est trop, le crime m'environne...
Arrêtez.

SE´MIRAMIS.

A quel trouble, hélas ! il s'abandonne,
Quand lui seul à la paix a pû me rappeller !

ARZACE.

Sémiramis...

SE´MIRAMIS.

Eh bien ?

ARZACE.

Je ne puis lui parler.
Fuyez moi pour jamais, ou m'arrachez la vie.

SE´MIRAMIS.

Quels transports ! quels discours ! qui, moi, que je
vous fuie ?
Eclaircissez ce trouble insupportable, affreux,
Qui passe dans mon ame, & fait deux malheureux,
Les traits du désespoir sont sur votre visage,
De moment en moment vous glacez mon courage,
Et vos yeux allarmés me causent plus d'effroi
Que le ciel & les morts soulevés contre moi.
Je tremble en vous offrant ce sacré diadême ;
Ma bouche en frémissant prononce je vous aime ;

D'un pouvoir inconnu l'invincible afcendant
M'entraîne ici vers vous , m'en repouffe à l'inftant ;
Et par un fentiment que je ne peux comprendre ,
Mêle une horreur affreufe à l'amour le plus tendre.

ARZACE.

Haïffez-moi.

SE'MIRAMIS.

Cruel , non tu ne le veux pas.
Mon cœur fuivra ton cœur , mes pas fuivront tes pas.
Quel eft donc ce billet , que tes yeux pleins d'allarmes
Lifent avec horreur , & trempent de leurs larmes ?
Contient-il les raifons de tes refus affreux ?

ARZACE.

Oui.

SE'MIRAMIS.

Donne.

ARZACE.

Ah ! je ne puis... ofez-vous ? ...

SE'MIRAMIS,

Je le veux.

ARZACE.

Laiffez-moi cet écrit horrible & néceffaire. . .

SE'MIRAMIS,

D'où le tiens-tu ?

ARZACE.

Des Dieux.

SE'MIRAMIS,

SE'MIRAMIS.

Qui l'écrivit?

ARZACE.

Mon pere...

SE'MIRAMIS,

Que me dis-tu?

ARZACE.

Tremblez.

SE'MIRAMIS,

Donne, apprend-moi mon fort.

ARZACE.

Cessez... A chaque mot vous trouveriez la mort.

SE'MIRAMIS.

N'importe. Eclaircissez ce doute qui m'accable :
Ne me résistez plus, ou je vous crois coupable.

ARZACE.

Dieux! qui conduisez tout, c'est vous qui m'y forcez!

SE'MIRAMIS *prenant le billet.*

Pour la derniere fois, Arzace, obéissez.

ARZACE.

Eh bien, que ce billet soit donc le seul supplice
Qu'à son crime, grand Dieu, réserve ta justice!

Sémiramis lit.

Vous allez trop sçavoir, c'en est fait.

SE'MIRAMIS *à Otane.*

Qu'ai-je lû?

Soutiens-moi, je me meurs...

K

ARZACE.

Hélas ! tout eft connu ! . .

SE'MIRAMIS *revenant à elle après un long filence.*
Eh bien, ne tarde plus, rempli ta deftinée ;
Puni cette coupable & cette infortunée,
Etoufe dans mon fang mes déteftables feux.
La nature trompée eft horrible à tous deux ;
Venge tous mes forfaits, venge la mort d'un pere,
Reconnais-moi mon fils, frappe, & puni ta mere.

ARZACE.

Que ce glaive plutôt épuife ici mon flanc
De ce fang malheureux formé de votre fang :
Qu'il perce de vos mains ce cœur qui vous révère,
Et qui porte d'un fils le facré caractère.

SE'MIRAMIS *fe jettant à genoux.*
Ah ! je fus fans pitié, fois barbare à ton tour,
Sois le fils de Ninus en m'arrachant le jour ;
Frappe. Mais quoi ! tes pleurs fe mêlent à mes larmes !
O Ninias ! ô jour plein d'horreurs & de charmes ! ...
Avant de me donner la mort que tu me dois,
De la nature encor laiffe parler la voix ;
Souffre au moins que les pleurs de ta coupable mere
Arrofent une main fi fatale & fi chere.

ARZACE, NINIAS.

Ah ! je fuis votre fils, & ce n'eft pas à vous,
Quoi que vous ayez fait, d'embraffer mes genoux.

Ninias vous implore, il vous aime, il vous jure
Les plus profonds refpects & l'amour la plus pure.
C'eft un nouveau fujet, plus cher & plus foumis;
Le ciel eft appaifé, puifqu'il vous rend un fils :
Livrez l'infame Affur au Dieu qui vous pardonne.

SE'MIRAMIS.

Reçois pour te venger mon fceptre, ma couronne ;
Je les ai trop fouillés.

ARZACE.

Je veux tout ignorer,
Je veux avec l'Afie encor vous admirer.

SE'MIRAMIS.

Non, mon crime eft trop grand.

ARZACE.

Le repentir l'efface.

SE'MIRAMIS.

Ninus t'a commandé de regner en ma place :
Crains fes manes vengeurs.

ARZACE.

Ils feront attendris
Des remords d'une mere & des larmes d'un fils.
Otane au nom des Dieux ayez foin de ma mere,
Et cachez comme moi cet horrible miftère.

Fin du quatriéme Acte.

K ij

ACTE V.

SCENE I.

SÉMIRAMIS, OTANE.

OTANE.

Songez qu'un Dieu propice a voulu prévenir
Cet effroiable himen dont je vous vois frémir ;
La nature étonnée à ce danger funeste ,
En vous rendant un fils , vous arrache à l'inceste.
Des oracles d'Ammon les ordres abfolus ,
Les infernales voix , les manes de Ninus ,
Vous difoient que le jour d'un nouvel himenée
Finiroit les horreurs de votre destinée :
Mais ils ne difoient pas qu'il dut être accompli ;
L'himen s'est préparé , votre fort est rempli ;
Ninias vous revère , un fecret facrifice
Va contenter des Dieux la facile justice :
Ce jour fi redouté fera votre bonheur.

SÉMIRAMIS.

Ah ! le bonheur , Otane , est-il fait pour mon cœur ?

Mon fils s'eft attendri ; je me flatte, j'efpere
Qu'en ces premiers momens la douleur d'une mere
Parle plus hautement à fes fens opreffés ,
Que le fang de Ninus & mes crimes paffés.
Mais peut-être bientôt , moins tendre & plus févère ,
Il ne fe fouviendra que du meurtre d'un père.

OTANE.

Que craignez - vous d'un fils ? quel noir preffenti-
ment ?

SEMIRAMIS.

La crainte fuit le crime, & c'eft fon châtiment.
Le déteftable Affur fçait-il ce qui fe paffe ?
N'a t'on rien attenté ? Sait-on quel eft Arzace ?

OTANE.

Non ; ce fecret terrible eft de tous ignoré ;
De l'ombre de Ninus l'oracle eft adoré :
Les efprits confternés ne peuvent le comprendre ;
Comment fervir fon fils ! pourquoi venger fa cendre ?
On l'ignore , on fe tait. On attend ces momens ,
Où fermé fans réferve au refte des vivans ,
Ce lieu faint doit s'ouvrir pour finir tant d'allarmes :
Le peuple eft aux autels , vos foldats font en armes :
Azéma , pâle, errante , & la mort dans les yeux ,
Veille autour du tombeau , leve les mains aux cieux :
Ninias eft au temple, & d'une ame éperdue
Se prépare à frapper fa victime inconnue :

Dans ses sombres fureurs Assur enveloppé,
Rassemble les débris d'un parti dissipé;
Je ne sai quels projets il peut former encore.

SÉMIRAMIS.

Ah! c'est trop ménager un traître que j'abhorre;
Qu'Assur chargé de fers en vos mains soit remis;
Otane, allez livrer le coupable à mon fils.
Mon fils appaisera l'éternelle justice,
En répandant, du moins, le sang de mon complice.
Qu'il meure; qu'Azéma rendue à Ninias,
Du crime de mon regne épure ces climats.
Tu vois ce cœur, Ninus, il doit te satisfaire:
Tu vois du moins en moi des entrailles de mere.
Ah! qui vient dans ces lieux à pas précipités?
Que tout rend la terreur à mes sens agités!

SCENE II.

SÉMIRAMIS, AZÉMA, OTANE.

AZÉMA.

Madame, pardonnez si sans être appellée,
De mortelles frayeurs trop justement troublée,
Je viens avec transport embrasser vos genoux.

SÉMIRAMIS.

Ah! princesse parlez, que me demandez-vous?

A Z E' M A.

D'arracher un héros au coup qui le menace ;
De prévenir le crime & de fauver Arzace.

S E' M I R A M I S.

Arzace ? lui ? quel crime ?

A Z E' M A.

Il devient votre époux,
Il me trahit, n'importe, il doit vivre pour vous.

S E' M I R A M I S.

Lui mon époux ? grands Dieux !

A Z E' M A.

Quoi l'himen qui vous lie...

S E' M I R A M I S.

Cet himen eft affreux, abominable, impie ;
Arzace ? il eft... parlez ; je friffonne, achevez :
Quels dangers ! hâtez-vous...

A Z E' M A.

Madame vous fçavez
Que peut-être au moment que ma voix vous implore ,

S E' M I R A M I S.

Eh bien ?

A Z E' M A.

Ce demi-Dieu que je redoute encore,
D'un fecret facrifice en doit être honoré ;
Au fond du labirinthe à Ninus confacré.

J'ignore quels forfaits il faut qu'Arzace expie.

S É M I R A M I S.

Quels forfaits, juſte Dieu !

A Z É M A.

Cet Aſſur, cet impie
Va violer la tombe où nul n'eſt introduit.

S É M I R A M I S.

Qui ? lui !

A Z É M A.

Dans les horreurs de la profonde nuit ,
Des ſouterrains ſecrets , où ſa fureur habile
A tout événement ſe creuſoit un aſile ,
Ont ſervi les deſſeins de ce monſtre odieux ;
Il vient braver les morts , il vient braver les Dieux :
D'une main ſacrilége aux forfaits enhardie ,
Du généreux Arzace il va trancher la vie.

S É M I R A M I S.

O ciel ! qui vous l'a dit ? comment, par quel détour?

A Z É M A.

Fiez-vous à mon cœur éclairé par l'amour ;
J'ai vû du traître Aſſur la haine envenimée ,
Sa faction tremblante & par lui ranimée ,
Ses amis raſſemblés qu'a ſéduits ſa fureur :
De ſes deſſeins ſecrets j'ai démêlé l'horreur ;
J'ai feint de réunir nos cauſes mutuelles ;
Je l'ai fait épier par des regards fidelles :

Il ne commet qu'à lui ce meurtre détesté ;
Il marche au sacrilége avec impunité :
Sûr que dans ce lieu saint nul n'osera paraître,
Que l'accès en est même interdit au grand-prêtre,
Il y vole : & le bruit par ses soins se répand
Qu'Arzace est la victime, & que la mort l'attend :
Que Ninus dans son sang doit laver son injure.
On parle au peuple, aux grands, on s'assemble, on
  murmure ;
Je crains Ninus, Assur, & le ciel en courroux.

SÉMIRAMIS.

Eh bien chere Azéma, ce ciel parle par vous ;
Il me suffit. Je voi ce qui me reste à faire.
On peut s'en reposer sur le cœur d'une mere,
Ma fille. Nos destins à la fois sont remplis :
Défendez votre époux, je vais sauver mon fils.

AZÉMA.

Ciel ?

SÉMIRAMIS.

    Prête à l'épouser, les Dieux m'ont éclairée ;
Ils inspirent encore une mere éplorée ;
Mais les momens sont chers. Laissez-moi dans ces
  lieux :
Ordonnez en mon nom que les prêtres des Dieux,
Que les chefs de l'état viennent ici se rendre.

                            L

Azéma paſſe dans le veſtibule du temple ; Sémiramis ,
de l'autre côté , s'avance vers le mauzolée.

Ombre de mon époux ! je vais venger ta cendre.

Voici l'inſtant fatal où ta voix m'a promis

Que l'accès de ta tombe alloit m'être permis :

J'obéirai ; mes mains qui guidoient des armées ,

Pour ſecourir mon fils à ta voix ſont armées.

Venez , gardes du thrône , accourez à ma voix ,

D'Arzace déſormais reconnaiſſez les loix :

Arzace eſt votre Roi , vous n'avez plus de Reine ;

Je dépoſe en ſes mains la grandeur ſouveraine :

Soyez ſes défenſeurs ainſi que ſes ſujets.

Allez.

Les gardes ſe rangent au fond de la ſcène.

Dieux tout-puiſſans , ſecondez mes projets.

Elle entre dans le tombeau.

SCENE III.

A Z E'M A *revenant de la porte du temple*
ſur le devant de la ſcène.

QUe méditoit la Reine , & quel deſſein l'anime ?

A t'elle encor le temps de prévenir le crime !

O prodige, ô deſtin que je ne conçois pas !

Moment cher & terrible , Arzace ! Ninias !

Arbitres des humains, puiſſances que j'adore ,

Me l'avez-vous rendu pour le ravir encore ?

SCENE IV.

AZÉMA, ARZACE, *ou* NINIAS.

AZÉMA.

AH ! cher prince, arrêtez. Ninias est-ce vous ?
Vous le fils de Ninus, mon maître & mon époux !

NINIAS.

Ah ! vous me revoyez confus de me connaître.
Je suis du sang des Dieux, & je frémis d'en être.
Ecartez ces horreurs qui m'ont environné ;
Fortifiez ce cœur au trouble abandonné ;
Encouragez ce bras prêt à venger un pere.

AZÉMA.

Gardez-vous de remplir cet affreux ministère.

NINIAS.

Je dois un sacrifice, il le faut, j'obéis.

AZÉMA.

Non. Ninus ne veut pas qu'on immole son fils.

NINIAS.

Comment ?

AZÉMA.

Vous n'irez point dans ce lieu redoutable :
Un traître y tend pour vous un piége inévitable.

NINIAS.

Qui peut me retenir, & qui peut m'effrayer ?

AZE'MA.

C'eſt vous que dans la tombe on va ſacrifier ;
Aſſur, l'indigne Aſſur a, d'un pas ſacrilége,
Violé du tombeau le divin privilége :
Il vous attend :

NINIAS.

Grands Dieux ! tout eſt donc éclairci.

Mon cœur eſt raſſuré, la victime eſt ici.

Mon pere empoiſonné par ce monſtre perfide,

Demande à haute voix le ſang du parricide.

Inſtruit par le grand-prêtre & conduit par le ciel,

Par Ninus même armé contre le criminel,

Je n'aurai qu'à frapper la victime funeſte

Qu'amene à mon courroux la juſtice céleſte.

Je vois trop que ma main dans ce fatal moment

D'un pouvoir invincible eſt l'aveugle inſtrument.

Les Dieux ſeuls ont tout fait ; & mon ame étonnée

S'abandonne à la voix qui fait ma deſtinée.

Je vois que, malgré nous, tous nos pas ſont mar-
            qués :

Je vois que des enfers ces manes évoqués

Sur le chemin du thrône ont ſemé les miracles :

J'obéis ſans rien craindre, & j'en crois les oracles.

A Z E'M A.

Tout ce qu'ont fait les Dieux ne m'apprend qu'à
   frémir :
Ils ont aimé Ninus , ils l'ont laiffé périr.

N I N I A S.

Ils le vengent enfin : étouffez ce murmure.

A Z E'M A.

Ils choififfent fouvent une victime pure ,
Le fang de l'innocence a coulé fous leurs coups.

N I N I A S.

Puifqu'ils nous ont unis ils combattent pour nous.
Ce font eux qui parloient par la voix de mon pere :
Ils me rendent un thrône , une époufe , une mere;
Et couvert à vos yeux du fang du criminel ,
Ils vont de ce tombeau me conduire à l'autel.
J'obéis , c'eft affez , le ciel fera le refte.

_____

SCENE V.

A Z É M A, _feule._

Dieux! veillez fur fes pas dans ce tombeau fu-
   nefte;
Que voulez-vous ! quel fang doit aujourd'hui couler?
Impénétrables Dieux , vous me faites trembler.

Je crains Affur , je crains cette main fanguinaire ,
Il peut percer le fils fur la cendre du pere.
Abîmes redoutés dont Ninus eft forti ,
Dans vos antres profonds que ce Monftre englouti
Porte au fein des enfers la fureur qui le preffe.
Cieux tonnez , cieux lancez la foudre vengereffe.
O fon pere ! ô Ninus , quoi tu n'as pas permis
Qu'une époufe éplorée accompagnât ton fils !
Ninus combas pour lui , dans ce lieu de ténébres.
    N'entend-je pas fa voix parmi des cris funébres ?
Dût ce facré tombeau , profané par mes pas,
Ouvrir pour me punir les goufres du trépas ;
J'y defcendrai! j'y vole... Ah ! quels coups de tonnerre
Ont enflâmé le ciel & font trembler la terre !
Je crains , j'efpere ... il vient.

SCENE VI.

NINIAS , *une épée fanglante à la main* ,
AZÉMA.

NINIAS.

Ciel ! où fuis-je ?

AZEMA.

Ah ! Seigneur ,
Vous êtes teint de fang , pâle , glacé d'horreur.

NINIAS, *d'un air égaré.*

Vous me voyez couvert du sang du parricide.
Au fond de ce tombeau, mon pere étoit mon guide.
J'errois dans les détours de ce grand monument,
Plein de respect, d'horreur & de saisissement ;
Il marchoit devant moi : j'ai reconnu la place
Que son ombre en couroux marquoit à mon audace.
Auprès d'une colonne, & loin de la clarté,
Qui suffisoit à peine à ce lieu redouté,
J'ai vû briller le fer dans la main du perfide ;
J'ai cru le voir trembler ; tout coupable est timide :
J'ai deux fois dans son flanc plongé ce fer ven-
    geur ;
Et d'un bras tout sanglant qu'animoit ma fureur,
Déja je le traînais, roulant sur la poussière,
Vers les lieux d'où partoit cette faible lumière.
Mais je vous l'avouerai, ses sanglots redoublés,
Ses cris plaintifs & sourds & mal articulés,
Les Dieux qu'il invoquoit, & le repentir même
Qui sembloit le saisir à son heure suprême ;
La sainteté du lieu ; la pitié dont la voix,
Alors qu'on est vengé, fait entendre ses loix ;
Un sentiment confus, qui même m'épouvante ;
M'ont fait abandonner la victime sanglante.
Azéma, quel est donc ce trouble, cet effroi,
Cette invincible horreur qui s'empare de moi ?

Mon cœur eft pur, ô Dieux ! mes mains font in-
nocentes ;
D'un fang profcrit par vous, vous les voyez fu-
mantes :
Quoy j'ai fervi le ciel, & je fens des remords !

A Z E' M A.

Vous avez fatisfait la nature & les morts.
Quittons ce lieu terrible, allons vers votre mere,
Calmez à fes genoux ce trouble involontaire ;
Et puis qu'Affur n'eft plus...

SCENE VII.

NINIAS, AZÉMA, ASSUR.

*Affur paroît dans l'enfoncement avec Otane, & les
gardes de la Reine.*

A Z E' M A.

Ciel ! Affur à mes yeux !

A R Z A C E.

Affur !

A Z E' M A.

Accourez tous, miniftres de nos Dieux,
Miniftres de nos Rois, défendez votre maître,

SCENE VIII.

Le grand Prétre OROÉS, *les Mages & le peuple.* NINIAS, AZEMA, ASSUR *défarmé*, MITRANE.

OTANE.

Il n'en eft pas befoin ; j'ai fait faifir le traître,
Lorfque dans ce lieu faint il alloit pénétrer.
La Reine l'ordonna, je viens vous le livrer.

NINIAS.

Qu'ai-je fait, & quelle eft la victime immolée ?

OROE'S.

Le ciel eft fatisfait. La vengeance eft comblée.

En montrant Affur.

Peuples de votre Roy voila l'empoifonneur :

En montrant Ninias.

Peuples, de votre Roy voila le fucceffeur.
Je viens vous l'annoncer, je viens le reconnaître,
Revoyez Ninias, & fervez votre maître.

ASSUR.

Toi, Ninias ?

OROE'S.

Lui-même ; un Dieu qui l'a conduit,
Le fauva de ta rage, & ce Dieu te pourfuit.

ASSUR.

Toi, de Sémiramis tu reçus la naiffance !

N I N I A S.

Oui ; mais pour te punir , j'ai reçu sa puissance.

Allez , délivrez-moi de ce monstre inhumain.

Il ne méritoit pas de tomber sous ma main.

Qu'il meure dans l'opprobre , & non de mon épée ;

Et qu'on rende au trépas ma victime échapée.

Sémiramis paraît au pied du tombeau mourante ;
un Mage qui est à cette porte la reléve.

A S S U R.

Va : mon plus grand supplice est de te voir mon roi ;

Appercevant Sémiramis.

Mais je te laisse encor plus malheureux que moi ,

Regarde ce tombeau ; contemple ton ouvrage.

N I N I A S.

Quelle victime , ô ciel , a donc frappé ma rage !

A Z E' M A.

Ah ! fuyez , cher époux !

M I T R A N E.

Qu'avez-vous fait ?

O R O E' S , *se mettant entre le tombeau & Ninias.*

Sortez ,

Venez purifier vos bras ensanglantez ;

Remettez dans mes mains ce glaive trop funeste ,

Cet aveugle instrument de la fureur céleste.

N I N I A S , *courant vers Sémiramis.*

Ah ! cruels , laissez-moi le plonger dans mon cœur.

O R O E' S , *tandis qu'on le désarme.*

Gardez de le laisser à sa propre fureur.

SE'MIRAMIS , *qu'on fait avancer & qu'on place fur*
un fauteuil.

Viens me venger mon fils, un monftre fanguinaire,
Un traître, un facrilége, affaffine ta mere.

NINIAS.

O jour de la terreur ! ô crimes inouis !
Ce facrilége affreux, ce monftre eft votre fils.
Au fein qui ma nourri cette main s'eft plongée :
Je vous fuis dans la tombe & vous ferez vengée.

SE'MIRAMIS.

Hélas ! j'y defcendis pour défendre tes jours,
Ta malheureufe mere alloit à ton fecours...
J'ai reçu de tes mains la mort qui m'étoit due.

NINIAS.

Ah ! c'eft le dernier trait à mon ame éperdue ;
J'attefte ici les Dieux qui conduifoient mon bras,
Ces Dieux qui m'égaroient...

SE'MIRAMIS.

        Mon fils, n'acheve pas :
Je te pardonne tout fi pour grace dernière,
Une fi chere main ferme au moins ma paupière.

Il fe jette à genoux.

Viens, je te le demande au nom du même fang
Qui t'a donné la vie & qui fort de mon flanc.
Ton cœur n'a pas fur moi conduit ta main cruelle,
Quand Ninus expira j'étois plus criminelle.

J'en fuis affez punie ; il eft donc des forfaits
Que le couroux des Dieux ne pardonne jamais !
Ninias, Azéma, que votre himen efface
L'opprobre dont mon crime a fouillé votre race ;
D'une mere expirante approchez-vous tous deux ;
Donnez-moi votre main ; vivez, regnez heureux ;
Cet efpoir me confole... il mêle quelque joie
Aux horreurs de la mort où mon ame eft en proie.
Je la fens... elle vient... fonge à Sémiramis,
Ne hais point fa mémoire : ô mon fils, mon cher
      fils...
Ç'en eft fait. ...

OROES.

       La lumiere à fes yeux eft ravie ;
Secourez Ninias, prenez foin de fa vie.
Par ce terrible exemple apprenez tous, du moins,
Que les crimes fecrets ont les Dieux pour témoins ;
Plus le coupable eft grand, plus grand eft le fupplice ;
Rois tremblez fur le thrône & craignez leur juftice.

Fin du cinquiéme & dernier Acte.

ÉLOGE FUNÈBRE

DES OFFICIERS

Qui sont morts dans la Guerre de 1741.

ÉLOGE·FUNÉBRE

DES OFFICIERS

Qui font morts dans la Guerre de 1741.

UN peuple qui fut l'éxemple des nations , qui leur enfeigna tous les arts , & même celui de la guerre , le maître des Romains qui ont été nos maîtres , la Grece enfin parmi fes inftitutions qu'on admire encore , avoit établi l'ufage de confacrer par des éloges funébres la mémoire des citoyens qui avoient répandu leur fang pour la patrie. Coutume digne d'Athènes , digne d'une nation valeureufe·& humaine , digne de nous ! pourquoi ne la fuivrions-nous pas ? nous longtems les heureux rivaux en tant de genres de cette nation refpectable. Pourquoi nous renfermer dans l'ufage de ne célébrer après leur mort que ceux qui ayant été donnés en fpectacle au monde par leur élévation , ont été fatigués d'encens pendant leur vie ?

Il eft jufte fans doute, il importe au genre

humain de louer les Titus, les Trajans, les
Louis XII. les Henry IV. & ceux qui leur
reſſemblent. Mais ne rendra-t'on jamais qu'à
la dignité ces devoirs ſi intéreſſans & ſi chers
quand ils ſont rendus à la perſonne; ſi vains
quand ils ne ſont qu'une partie néceſſaire
d'une pompe funébre, quand le cœur n'eſt
point touché, quand la vanité ſeule de l'o-
rateur parle à la vanité des hommes, &
que dans un diſcours compaſſé & dans une
diviſion forcée, on s'épuiſe en éloges vagues
qui paſſent avec la fumée des flambeaux
funéraires.

Du moins, s'il faut célébrer toujours ceux
qui ont été grands, réveillons quelquefois
la cendre de ceux qui ont été utiles. Heu-
reux·ſans doute, (ſi la voix des vivans peut
percer la nuit des tombeaux) heureux le
magiſtrat immortaliſé par le même organe,
qui avoit fait verſer tant de pleurs ſur la
mort de Marie d'Angleterre, & qui fut
digne de célébrer le grand Condé. Mais ſi la
cendre de Michel le Tellier reçut tant d'honneurs, eſt-il un bon citoyen qui ne demande
aujourd'hui, les a-t'on rendus au grand
Colbert, à cet homme qui fit naître tant
d'abondance en ranimant tant d'induſtrie,
qui porta ſes vûes ſupérieures juſqu'aux ex-
trêmités de la terre, qui rendit la France la
dominatrice des mers, & à qui nous devons
une

une grandeur & une félicité longtems in connue ?

O mémoire ! ô noms du petit nombre d'hommes qui ont bien fervi l'état ! vivez éternellement : mais furtout ne périffez pas tout entiers, vous guerriers qui êtes morts pour nous défendre. C'eft votre fang qui nous a valu des victoires ; c'eft fur vos corps déchirés & palpitans que vos compagnons ont marché à l'ennemi, & qu'ils ont monté à tant de remparts ; c'eft à vous que nous devons une paix glorieufe, achetée par votre perte.

Plus la guerre eft un fleau épouventable raffemblant fous lui toutes les calamités & tous les crimes, plus grande doit être notre reconnaiffance envers ces braves compatriotes qui ont péri pour nous donner cette paix heureufe, qui doit être l'unique but de la guerre, & le feul objet de l'ambition d'un vrai monarque.

Faibles & infenfés mortels que nous fommes, qui raifonnons tant fur nos devoirs, qui avons tant approfondi notre nature, nos malheurs & nos faibleffes, nous faifons fans ceffe retentir nos temples de reproches & de condamnations ; nous anathématifons les plus légeres irrégularités de la conduite, les plus fecrettes complaifances des cœurs ; nous tonnons contre des

M

vices, contre des défauts, condamnables il
eft vrai, mais qui troublent à peine la fociété. Cependant quelle voix chargée d'annoncer la vertu s'eft jamais élevée contre
ce crime fi grand & fi univerfel ; contre
cette rage deftructive qui change en bêtes
féroces des hommes nés pour vivre en freres ; contre ces déprédations atroces ; contre
ces cruautés qui font de la terre un féjour
de brigandage, un horrible & vafte tombeau ?

Des bords du Pô jufqu'à ceux du Danube,
on bénit de tous côtés au nom du même
Dieu ces drapeaux fous lefquels marchent
des milliers de meurtriers mercénaires, à
qui l'efprit de débauche, de libertinage &
de rapine ont fait quitter leurs campagnes ;
ils vont, & ils changent de maîtres : ils
s'expofent à un fupplice infâme pour un
léger intérêt ; le jour du combat vient, &
fouvent le foldat qui s'étoit rangé n'a gueres fous les enfeignes de fa patrie, répand
fans remords le fang de fes propres concitoyens ; il attend avec avidité le moment
où il pourra dans le champ du carnage arracher aux mourants quelques malheureufes
dépouilles qui lui font enlevées par d'autres
mains. Tel eft trop fouvent le foldat : telle
eft cette multitude aveugle & féroce dont
on fe fert pour changer la deftinée des em-

pires, & pour élever les monumens de la
gloire. Confidérés tous enfemble marchant
avec ordre fous un grand capitaine, ils for-
ment le fpectacle le plus fier & le plus im-
pofant qui foit dans l'univers. Pris chacun à
part dans l'enivrement de leurs frénéfies bru-
tales, (fi on en excepte un petit nombre)
c'eft la lie des nations.

Tel n'eft point l'officier, idolâtre de fon
honneur & de celui de fon fouverain, bra-
vant de fang froid la mort avec toutes les
raifons d'aimer la vie, quittant guaiement
les délices de la fociété pour des fatigues qui
font frémir la nature, humain, généreux,
compatiffant, tandis que la barbarie étin-
celle de rage partout autour de lui, né pour
les douceurs de la fociété comme pour les
dangers de la guerre, auffi poli que fier,
orné fouvent par la culture des lettres &
plus encore par les graces de l'efprit. A ce
portrait les nations étrangeres reconnaiffent
nos officiers ; elles avouent furtout que lorfque le premier feu trop ardent de leur jeuneffe eft tempéré par un peu d'expérience,
ils fe font aimer même de leurs ennemis.
Mais fi leurs graces & leurs franchifes ont
adouci quelquefois les efprits les plus barbares, que n'a point fait leur valeur ?

Ce font eux qui ont défendu pendant
tant de mois cette capitale de la Bohême,

conquife par leurs mains en fi peu de momens ; eux qui attaquoient , qui affiégeoient
leurs affiégeans ; eux qui donnoient de
longues batailles dans des tranchées ; eux
qui bravèrent la faim , les ennemis, la
mort , la rigueur inouie des faifons dans
cette mémorable marche , moins longue
que celle des grecs de Xénophon , mais non
moins pénible & non moins hafardeufe.

On les a vûs fous un prince auffi vigilant
qu'intrépide , précipiter leurs ennemis du
haut des Alpes ; victorieux à la fois de tous
les obftacles que la nature & l'art & la
valeur oppofoient à leur courage opiniâtre.
Champs de Fontenoi , rivages de l'Efcaut
& de la Meufe teints de leur fang, c'eft
dans vos campagnes que leurs efforts ont
ramené la victoire aux pieds de ceRoy , que
les nations,conjurées contre lui, auroient dû
choifir pour leur arbitre. Que n'ont-ils point
éxécuté , ces héros , dont la foule eft connue
à peine ?

Qu'avoient donc au - deffus d'eux ces
centurions & ces tribuns des légions romai-
nes ? en quoi les paffoient-ils ? fi ce n'eft
peut-être dans l'amour invariable de la dif-
cipline militaire. Les anciens romains éclip-
sèrent il eft vrai toutes les autres nations
de l'europe, quand la grece fut amolie &
défunie , & quand les autres peuples étoient

encore des barbares destitués de bonnes loix,
sachant combattre, & ne sachant pas faire la
guerre, incapables de se réunir à propos contre l'ennemi commun, privés du commerce,
privés de tous les arts, & de toutes les ressour-
ces. Aucun peuple n'égale encor les anciens
romains. Mais l'europe entière vaut aujour-
d'hui beaucoup mieux que ce peuple vainqueur & législateur ; soit que l'on considère
tant de connaissances perfectionnées, tant
de nouvelles inventions ; ce commerce immense & habile qui embrasse les deux mon-
des, tant de villes opulentes, élevées dans
des lieux qui n'étoient que des déserts sous
les consuls & sous les Césars ; soit qu'on
jette les yeux sur ces armées nombreuses &
disciplinées qui défendent vingt royaumes
policés ; soit qu'on perce cette politique
toujours profonde, toujours agissante, qui
tient la balance entre tant de nations. Enfin
la jalousie même qui regne entre les peuples modernes, qui excite leur génie, &
qui anime leurs travaux, sert encore à
élever l'europe au-dessus de ce qu'elle ad-
miroit stérilement dans l'ancienne Rome,
sans avoir ni la force ni même le desir de
l'imiter.

Mais de tant de nations en est-il une
qui puisse se vanter de renfermer dans
son sein un pareil nombre d'officiers tels que

les nôtres ? quelquefois ailleurs on fert pour faire fa fortune , & parmi nous on prodigue la fienne pour fervir ; ailleurs on trafique de fon fang avec des maîtres étrangers , ici on brule de donner fa vie pour fon Roy ; là on marche parce qu'on eft payé , ici on vole à la mort pour être regardé de fon maître, & l'honneur a toujours fait de plus grandes chofes que l'intérêt.

Souvent en parlant de tant de travaux & de tant de belles actions , nous nous difpenfons de la reconnaiffance en difant que l'ambition a tout fait. C'eft la logique des ingrats. Qui nous fert veut s'élever ; je l'avoue : oui on eft excité en tout genre par cette noble ambition, fans laquelle il ne feroit point de grands hommes. Si on n'avoit pas devant les yeux des objets qui redoublent l'amour du devoir, feroit-on bien récompenfé par ce public fi ardent quelquefois & fi précipité dans fes éloges , mais toujours plus prompt dans fes cenfures , paffant de l'entoufiafme à la tiédeur , & de la tiédeur à l'oubli ?

Sibarites tranquilles dans le fein de nos cités floriffantes , occupés des rafinemens de la molleffe, devenus infenfibles à tout, & au plaifir même pour avoir tout épuifé, fatigués de ces fpectacles journaliers , dont le moindre eut été une fête pour nos peres,

& de ces repas continuels, plus délicats
que les festins des rois ; au milieu de tant de
voluptés , si accumulées & si peu senties ,
de tant d'arts , de tant de chefs-d'œuvres
si perfectionnés & si peu considérés ; enivrés
& assoupis dans la sécurité & dans le dé-
dain , nous apprenons la nouvelle d'une
bataille ; on se réveille de sa douce léthar-
gie pour demander avec empressement des
détails dont on parle au hazard , pour cen-
surer le général , pour diminuer la perte des
ennemis , pour enfler la nôtre : cependant
cinq ou six cens familles du royaume sont
ou dans les larmes ou dans la crainte. Elles
gémissent , retirées dans l'intérieur de leurs
maisons , & redemandent au ciel des freres ,
des époux , des enfans. Les paisibles habitans
de Paris se rendent le soir aux spectacles où
l'habitude les entraîne plus que le goût. Et si
dans les repas qui succédent aux spectacles ,
on parle un moment des morts qu'on a connus , c'est quelquefois avec indifférence , ou
en rappellant leurs défauts , quand on ne
devroit se souvenir que de leurs pertes ; ou
même en exerçant contre eux ce facile &
malheureux talent d'une raillerie maligne ,
comme s'ils vivoient encore.

Mais quand nous apprenons que dans
le cours de nos succès , un revers tel qu'en
ont éprouvés dans tous les temps les plus

grands capitaines , a fufpendu le progrès
de nos armes , alors tout eft défefpéré.
Alors on affecte de craindre , quoiqu'on
ne craigne rien en effet. Nos reproches
amers perfécutent jufques dans le tombeau le général dont les jours ont été
tranchés dans une action malheureufe. Et
favons-nous quels étoient fes deffeins , fes
reffources ? & pouvons-nous de nos lambris
dorés , dont nous ne fommes prefque jamais fortis, voir d'un coup d'œil jufte le
terrain fur lequel on a combattu ? Celui
que vous accufez a pû fe tromper : mais il
eft mort en combattant pour vous. Quoi
nos livres, nos écoles, nos déclamations
hiftoriques , répéteront fans ceffe le nom
d'un Cinégire , qui ayant perdu les bras en
faififfant une barque perfanne , l'arrêtoit
encore vainement avec les dents ! Et nous
nous bornerions à blâmer notre compatrio-
te qui eft mort en arrachant ainfi les pa-
liffades des retranchemens ennemis au combat d'Exiles , quand il ne pouvoit plus les
faifir de fes mains bleffées.

Rempliffons - nous l'efprit , à la bonne
heure , de ces éxemples de l'antiquité ,
fouvent très-peu prouvés & beaucoup éxa-
gérés ; mais qu'il refte au moins place dans
nos efprits pour ces éxemples de vertu ,
heureux ou malheureux , que nous ont donnés

nés nos concitoyens. Ce jeune Brienne, qui ayant le bras fracaſſé à ce combat d'Exiles, monte encore à l'eſcalade en diſant : *Il m'en reſte un autre pour mon Roy & pour ma patrie*, ne vaut-il pas bien un habitant de l'Attique & du Latium ? & tous ceux qui, comme lui, s'avançoient à la mort, ne pouvant la donner aux ennemis, ne doivent-ils pas nous être plus chers que les anciens guerriers d'une terre étrangère ? n'ont-ils pas même mérité cent fois plus de gloire en mourant ſous des boulevards inacceſſibles, que n'en ont acquis leurs ennemis, qui en ſe défendant contr'eux avec ſûreté, les immoloient ſans danger & ſans peine.

Que dirai-je de ceux qui ſont morts à la journée de Dettingue, journée ſi bien préparée & ſi mal conduite, & dans laquelle il ne manqua au général que d'être obéi pour mettre fin à la guerre ? parmi ceux dont l'hiſtoire célébrera la valeur inutile & la mort malheureuſe, oubliera-t'on un jeune Bouflers, un enfant de dix ans, qui dans cette bataille a une jambe caſſée, qui la fait couper ſans ſe plaindre, & qui meurt de même ; éxemple d'une fermeté rare parmi les guerriers, & unique à cet âge !

Si nous tournons les yeux ſur des actions, non pas plus hardies, mais plus fortunées : que de héros dont les exploits & les noms

N

doivent être fans celle dans notre bouche ?
que de terrains arrofés du plus beau fang,
& célebres par des triomphes ! Là s'éle-
voient contre nous cent boulevards qui ne
font plus ; que font devenus ces ouvrages
de Fribourg, baignés de fang, écroulés fous
leurs défenfeurs, entourés des cadavres des
affiégeans ? on voit encore les remparts de
Namur & ces châteaux qui font dire au
voyageur étonné, comment a t'on réduit
cette forterefse qui touche aux nues ? on
voit Oftende qui jadis foutenoit des fiéges
de trois années, & qui s'eft rendue en cinq
jours à nos armes victorieufes. Chaque
plaine, chaque ville de ces contrées eft un
monument de notre gloire. Mais que cette
gloire a coûté !

O peuples heureux, donnez au moins à
des compatriotes qui ont expiré, victimes de
cette gloire, ou qui furvivent encore à une
partie d'eux-mêmes, les récompenfes que
leurs cendres ou leurs blefsures vous demandent. Si vous les refufiez, les arbres,
les campagnes de la Flandre prendroient la
parole pour vous dire : c'eft ici que ce mo-
defte & intrépide Luttaux, chargé d'années
& de fervice, déja blefsé de deux coups, affaibli & perdant fon fang, s'écria, *Il ne s'agit*
pas de conferver fa vie, il faut en rendre les
reftes utiles, & ramenant au combat des

troupes difperfées , reçut le coup mortel qui
le mit enfin au tombeau. C'eft-là que le colonel des gardes françaifes en allant le premier
reconnaître les ennemis , fut frappé le premier dans cette journée meurtriere , & périt
en faifant des fouhaits pour le monarque &
pour l'état. Plus loin eft mort le neveu de ce
célebre archevêque de Cambrai , l'héritier
des vertus de cet homme unique qui rendit
la vertu fi aimable.

O qu'alors les places des peres devien-
nent à bon droit l'héritage des enfans !
qui peut fentir la moindre atteinte de l'envie , quand fur les remparts de Tournay
un de ces tonnerres fouterrains qui trom-
pent la valeur & la prudence , ayant emporté les membres fanglans & difperfés du
colonel de Normandie , ce régiment eft
donné le jour même à fon jeune fils , & ce
corps invincible ne crut point avoir changé
de conducteur. Ainfi cette troupe étrangere
devenue fi nationale , qui porte le nom de
Dillon , a vû les enfans & les freres fuc-
céder rapidement à leurs peres & à leurs
freres tués dans les batailles ; ainfi le brave
d'Aubeterre , le feul colonel tué au fiége de
Bruxelles , fut remplacé par fon valeureux
frere. Pourquoi faut-il que la mort nous
l'enléve encore ?

Le gouvernement de la Flandre , de ce

théâtre éternel de combats, eft devenu le
jufte partage du guerrier qui, à peine au
fortir de l'enfance, avoit tant de fois en un
jour expofé fa vie à la bataille de Rocou.
Son pere marcha à côté de lui à la tête de
fon régiment, & lui apprit à commander &
à vaincre ; la mort qui refpecta ce pere généreux & tendre dans cette bataille, où elle
fut à tout moment autour d'eux, l'attendoit
dans Gènes fous une forme différente,
c'eft-là qu'il a péri avec la douleur de ne
pas verfer fon fang fur les baftions de la
ville affiégée, mais avec la confolation de
laiffer Gènes libre, & emportant dans la
tombe le nom de fon libérateur.

De quelque côté que nous tournions nos
regards, foit fur cette ville délivrée, foit fur
le Pô & fur le Tefin, fur la cime des Alpes,
fur les bords de l'Efcaut, de la Meufe & du
Danube, nous ne verrons que des actions
dignes de l'immortalité, ou des morts qui
demandent nos éternels regrets.

Il faudroit être ftupide pour ne pas admirer, & barbare pour n'être pas attendri.
Mettons-nous un moment à la place d'une
époufe craintive, qui embraffe dans fes enfans l'image du jeune époux qu'elle aime,
tandis que ce guerrier qui avoit cherché le
péril en tant d'occafions, & qui avoit été
bleffé tant de fois, marche aux ennemis

dans les environs de Gènes, à la tête de sa brave troupe, cet homme qui, à l'éxemple de sa famille, cultivoit les lettres & les armes, & dont l'esprit égaloit la valeur, reçoit le coup funeste qu'il avoit tant cherché, il meurt; à cette nouvelle la triste moitié de lui-même s'évanouit au milieu de ses enfans, qui ne sentent pas encore leur malheur. Ici une mere & une épouse veulent partir pour aller secourir en Flandres un jeune héros dont la sagesse & la vaillance prématurée lui méritoient la tendresse du Dauphin, & sembloient lui promettre une vie glorieuse; elles se flattent que leurs soins le rendront à la vie, & on leur dit: Il est mort. Quel moment, quel coup funeste pour la fille d'un empereur infortuné, idolâtre de son époux, son unique consolation, son seul espoir dans une terre étrangère, quand on lui dit: vous ne reverrez jamais l'époux pour qui seul vous aimiez la vie.

Une mere vole sans s'arrêter en Flandre, dans les transes cruelles où la jette la blessure de son jeune fils. Déja dans la bataille de Rocou elle avoit vû son corps percé & déchiré d'un de ces coups affreux qui ne laissent plus qu'une vie languissante, cette fois elle est encore trop heureuse: elle rend grace au ciel de voir ce fils privé d'un bras

N iij

lorfqu'elle trembloit de le trouver au tombeau.

Ne fuivons ici ni l'ordre des temps ni celui de nos exploits & de nos pertes. Le fentiment n'a point de régles. Je me tranfporte à ces campagnes voifines d'Aufbourg, où le pere de ce jeune guerrier dont je parle, étoit abandonné d'un côté par les B..varois que nous protégions, & pour qui la France avoit prodigué tant de fang & de tréfors, de l'autre par les Heffois qui étoient à notre folde. Il falloit fauver les reftes de notre armée, & il fût les dérober à la pourfuite d'un ennemi que le nombre & la trahifon rendoient fi fupérieurs. Mais dans cette manœuvre habile nous perdons ce dernier rejetton de la maifon de Rupelmonde, cet officier fi inftruit & fi aimable qui avoit fait l'étude la plus approfondie de la guerre, & qui réuniffoit l'intrépidité de l'ame, la folidité & les graces de l'efprit, la douceur & la facilité du commerce ; il laiffe dans les larmes une époufe & une mere digne d'un tel fils, il ne leur refte plus de confolation fur la terre.

Maintenant efprits dédaigneux & frivoles, qui prodiguez une plaifanterie fi infultante & fi déplacée furtout ce qui attendrit les ames nobles & fenfibles ; vous qui dans les évenemens frappans dont dé-

pend la deftinée des royaumes, ne cherchez
à vous fignaler que par ces traits que vous
appellez bons mots, & qui par là prétendez
une efpéce de fupériorité dans le monde ;
ofez ici exercer ce miférable talent d'une
imagination faible & barbare ; ou plutôt
s'il vous refte quelque humanité, mêlez vos
fentimens à tant de regrets & quelques
pleurs à tant de larmes : mais êtes - vous
dignes de pleurer ?

Que fur-tout ceux qui ont été les compagnons de tant de dangers , & les témoins
de tant de pertes , ne prennent pas dans
l'oifiveté voluptueufe de nos villes, dans
la légereté du commerce , cette habitude
trop commune à notre nation de répandre
un air de frivolité & de dérifion fur ce qu'il
y a de plus glorieux dans la vie, & de plus
affreux dans la mort ; voudroient-ils s'avilir
ainfi eux-mêmes, & flétrir ce qu'ils ont tant
d'intérêt d'honorer ?

Que ceux qui ne s'occupent que de nos
froids & ridicules romans ; que ceux qui
ont le malheur de ne fe plaire qu'à ces
puériles penfées plus fauffes que délicates
dont nous fommes tant rebattus, dédaignent
ce tribut fimple de regrets qui partent du
cœur. Qu'ils fe laffent de ces peintures vraies
de nos grandeurs & de nos pertes, de ces
éloges fincéres donnés à des noms , à des

vertus qu'ils ignorent , je ne me lafferai
point de jetter des fleurs fur les tombeaux
de nos défenfeurs ; j'éleverai encore ma foi-
ble voix ; je dirai : Ici a été tranchée dans
fa fleur la vie de ce jeune guerrier dont les
freres combattent fous nos étendarts , &
dont le pere a protégé les arts à Florence
fous une domination étrangere. Là fut percé
d'un coup mortel le Marquis de Beauveau
fon coufin, quand le digne petit-fils du grand
Condé forçoit la ville d'Ypre à fe rendre.
Accablé de douleurs incroyables , entouré
de nos foldats qui fe difputoient l'honneur
de le porter ; il leur difoit d'une voix expirante : *Mes amis , allez où vous êtes nécef-*
faires , allez combattre & laiffez-moi mou-
rir. Qui pourra célébrer dignement fa noble
franchife , fes vertus civiles , fes connoif-
fances, fon amour des lettres , le goût éclairé
des monumens antiques enfeveli avec lui !
Ainfi périffent d'une mort violente à la fleur
de leur âge , tant d'hommes dont la patrie
attendoit fon avantage & fa gloire ; tandis
que d'inutiles fardeaux de la terre amufent
dans nos jardins leur vieilleffe oifive , du
plaifir de raconter les premiers ces nouvelles défaftreufes.

O deftin ! ô fatalité ! nos jours font
comptés ; le moment éternellement déter-
miné arrive qui anéantit tous les projets

& toutes les espérances. Le comte de Biſſy
prêt à jouir de ces honneurs tant deſirés par
ceux même ſur qui les honneurs ſont accu-
mulés, accourt de Gènes devant Maſtrich,
& le dernier coup tiré des remparts lui ôte
la vie ; il eſt la derniere victime immolée,
au moment même que le ciel avoit preſcrit
pour la ceſſation de tant de meurtres. Guerre
qui as rempli la France de gloire & de deuil,
tu ne frappes pas ſeulement par tes traits ra-
pides qui portent en un moment la deſtruction ! Que de citoyens, que de parens &
d'amis nous ont été ravis par une mort lente
que les fatigues des marches, l'intempérie
des ſaiſons traînent après elles !

Tu n'es plus, ô douce eſpérance du reſte
de mes jours ! ô ami tendre élevé dans cet
invincible régiment du Roi toûjours conduit par des héros ! qui s'eſt tant ſignalé
dans les tranchées de Prague, dans la bataille de Fontenoy, dans celle de Lawfelt
où il a décidé la victoire. La retraite de
Prague pendant trente lieues de glaces, jetta
dans ton ſein les ſemences de la mort que
mes triſtes yeux ont vû depuis ſe dévelop-
per ; familiariſé avec le trépas, tu le ſentis
approcher avec cette indifférence que les
philoſophes s'efforçoient jadis ou d'acqué-
rir ou de montrer ; accablé de ſouffrances
au dedans & au dehors, privé de la vûe,

perdant chaque jour une partie de toi-même, ce n'étoit que par un excès de vertu que tu n'étois point malheureux , & cette vertu ne te coûtoit point d'effort. Je t'ai vû toujours le plus infortuné des hommes & le plus tranquille. On ignoreroit ce qu'on a perdu en toi , si le cœur d'un homme éloquent n'a-voit fait l'éloge du tien dans un ouvrage consacré à l'amitié , & embelli par les charmes de la plus touchante poësie. Je n'étois point surpris que dans le tumulte des armes , tu cultivasses les lettres & la sagesse : ces éxemples ne sont pas rares par-mi nous. Si ceux qui n'ont que de l'osten-tation ne t'imposèrent jamais , si ceux qui dans l'amitié même ne sont conduits que par la vanité, révoltèrent ton cœur ; il y a des ames nobles & simples qui te ressem-blent. Si la hauteur de tes pensées ne pou-voit s'abaisser à la lecture de ces ouvra-ges licentieux , délices passageres d'une jeu-nesse égarée à qui le sujet plaît plus que l'ouvrage , si tu méprisois cette foule d'écrits que le mauvais goût enfante ; si ceux qui ne veulent avoir que de l'esprit te paroissaient si peu de chose , ce goût solide t'étoit com-mun avec ceux qui soutiennent toujours la raison contre l'inondation de ce faux goût qui semble nous entraîner à la décadence. Mais par quel prodige avois-tu à l'âge de vingt-cinq ans la vraie philofophie & la vraie éoquence, fans autre étude que le fecours de quelques bons livres ? comment avois-tu pris un effort fi haut dans le fiécle des petiteffes ! & comment la fimplicité d'un enfant timide couvroit-elle cette profondeur & cette force de génie ! Je fentirai longtems avec amertume le prix de ton amitié ; à peine en ai-je gouté les charmes ; non pas de cette amitié vaine qui naît dans les vains plaifirs, qui s'envole avec eux & dont on a toujours à fe plaindre, mais de cette amitié folide & courageufe la plus rare des vertus. C'eft ta perte qui mit dans mon cœur ce deffein de rendre quelque honneur aux cendres de tant de défenfeurs de l'état, pour élever auffi un monument à la tienne. Mon cœur rempli de toi a cherché cette confolation fans prévoir à quel ufage ce difcours fera deftiné, ni comment il fera reçu de la malignité humaine qui à la vérité épargne d'ordinaire les morts, mais qui quelquefois auffi infulte à leurs cendres, quand c'eft un prétexte de plus de déchirer les vivans.

1 Juin 1748.

Le jeune homme qu'on regrette ici avec tant de raifon eft M. de Vauvenargues, long-temps capitaine au régiment du Roy. Je ne fçai fi je me trompe, mais je crois qu'on trouvera dans la feconde édition de fon livre, plus de cent penfées qui ca-

ractérisent la plus belle ame, la plus profondément philosophe, la plus dégagée de tout esprit de
parti.

Que ceux qui pensent, méditent les maximes sui-
vantes :

La raison nous trompe plus souvent que la
nature.

Si les passions font plus de fautes que le jugement, c'est par la même raison que ceux
qui gouvernent font plus de fautes que les
hommes privés.

✱

Les grandes pensées viennent du cœur.
(C'est ainsi que sans le sçavoir, il se peignoit lui-
même.)

La conscience des mourans calomnie leur
vie.

La fermeté ou la faiblesse à la mort dépend de la derniere maladie.

(J'oserois conseiller qu'on lut les maximes qui sui-
vent celles-ci, & qui les expliquent.)

✱

La pensée de la mort nous trompe, car
elle nous fait oublier de vivre.

✱

La plus fausse de toutes les philosophies est
celle qui, sous prétexte d'afranchir les hommes des embarras des passions, leur conseille
l'oisiveté.

✱

Nous devons peut-être aux passions les plus
grands avantages de l'esprit.

✱

Ce qui n'offenſe pas la ſociété n'eſt pas du reſſort de la juſtice.

✳

Quiconque eſt plus ſévère que les loix eſt un tyran.

✳

On voit , ce me ſemble , par ce peu de penſées que je rapporte , qu'on ne peut pas dire de lui ce qu'un des plus aimables eſprits de nos jours a dit de ces philoſophes de parti , de ces nouveaux ſtoïciens qui en ont impoſé aux faibles :

Ils ont eu l'art de bien connaître

L'homme qu'ils ont imaginé ,

Mais ils n'ont jamais deviné

Ce qu'il eſt , ni ce qu'il doit être.

J'ignore ſi jamais aucun de ceux qui ſe ſont mêlés d'inſtruire les hommes , a rien écrit de plus ſage que ſon chapitre ſur le bien & ſur le mal moral. Je ne dis pas que tout ſoit égal dans ce livre ; mais ſi l'amitié ne me fait pas illuſion , je n'en connois guéres qui ſoit plus capable de former une ame bien née & digne d'être inſtruite. Ce qui me perſuade encore qu'il y a des choſes excellentes dans cet ouvrage, que M. de Vauvenargues nous a laiſſé , c'eſt que je l'ai vû mépriſé par ceux qui n'aiment que les jolies phraſes & le faux bel eſprit.

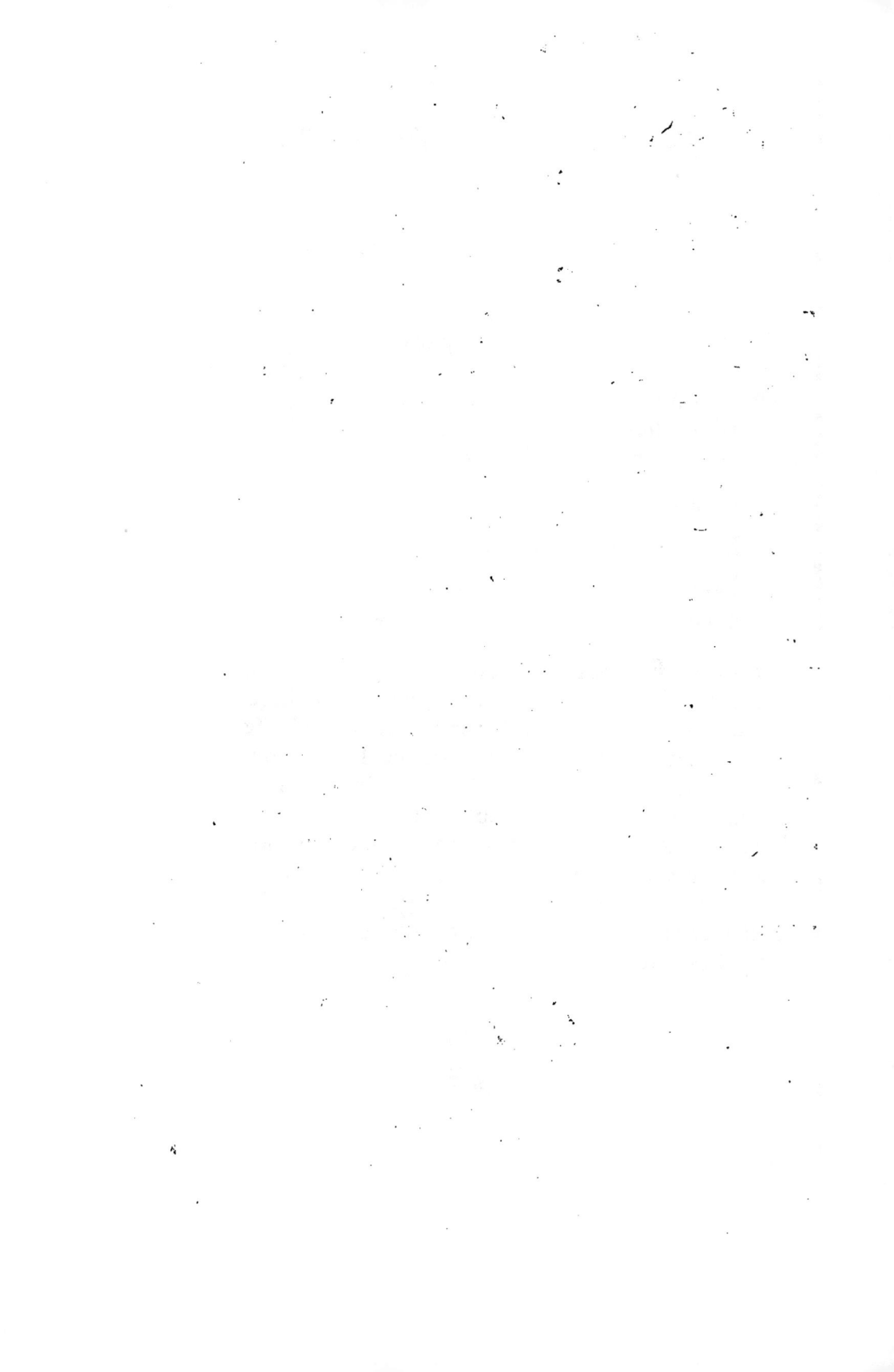

DES MENSONGES

IMPRIME'S.

DE

DES MENSONGES
IMPRIMÉS.

ON peut aujourd'hui divifer les habitans de l'europe en lecteurs & en auteurs, comme ils ont été divifés pendant fept ou huit fiécles en petits tyrans barbares qui portoient un oifeau fur le poing, & en efclaves qui manquoient de tout.

Il y a environ deux cens cinquante ans que les hommes fe font reffouvenus petit à petit qu'ils avoient une ame ; chacun veut lire, ou pour fortifier cette ame, ou pour l'orner, ou pour fe vanter d'avoir lû. Lorfque les Hollandais s'apperçurent de ce nouveau befoin de l'efpéce humaine, ils devinrent les facteurs de nos penfées, comme ils l'étoient de nos vins & de nos fels. Et tel libraire d'Amfterdam qui ne favoit pas lire, gagna un million, parce qu'il y avoit quelques Français qui fe mêloient d'écrire. Ces marchands s'informoient par leurs correfpondans, des denrées qui avoient le plus de cours, & felon le befoin ils commandoient

O

à leurs ouvriers des hiſtoires ou des romans, mais principalement des hiſtoires , parce qu'après tout on ne laiſſe pas de croire qu'il y a toujours un peu plus de vérité dans ce qu'on appelle Hiſtoire nouvelle , Mémoires hiſtoriques , Anecdotes , que dans ce qui eſt intitulé Roman. C'eſt ainſi que ſur des ordres de marchands de papier & d'encre , leurs metteurs en œuvre compoſerent les mémoires d'Artagnan , de Pointits , de Vordac , de Rochefort , & tant d'autres , dans leſquels on trouve au long tout ce qu'ont penſé les rois ou les miniſtres quand ils étoient ſeuls , & cent mille actions publiques dont on n'avoit jamais entendu parler. Les jeunes Barons Allemands , les Palatins Polonais , les Dames de Stokolm & de Copenhague liſent ces livres , & croyent y apprendre ce qui s'eſt paſſé de plus ſecret à la cour de France.

Varillas étoit fort au deſſus des nobles auteurs dont je parle , mais il ſe donnoit d'aſſez grandes libertés. Il dit un jour à un homme qui le voyoit embarraſſé : J'ai trois rois à faire parler enſemble ; ils ne ſe ſont jamais vûs , & je ne ſçai comment m'y prendre. Quoi donc , lui dit l'autre , eſt-ce que vous faites une tragédie ?

Tout le monde n'a pas le don de l'invention. On fait imprimer in-12. les Fables de l'hiſtoire ancienne, qui étoient ci-devant in-folio. Je crois que l'on peut retrouver dans plus de deux cens auteurs les mêmes prodiges opérés & les mêmes prédictions faites du temps que l'aſtrologie étoit une ſcience. On nous redira peut-être encore que deux Juifs, qui ſans doute ne ſavoient que vendre de vieux habits & rogner de vieilles eſpéces, promirent l'empire à Léon Liſaurièn, & exigérent de lui qu'il abattît les images des chrétiens quand il ſeroit ſur le trône; comme ſi un Juif ſe ſoucioit beaucoup que nous euſſions ou non des images. Je ne déſeſpere pas qu'on ne réimprime que Mahomet II. ſurnommé le grand, le prince le plus éclairé de ſon temps, & le rémunérateur le plus magnifique des arts, mit tout à feu & à ſang dans Conſtantinople, (qu'il préſerva pourtant du pillage) abattit toutes les égliſes, (dont en effet il conſerva la moitié,) fit empaler le patriarche, lui qui rendit à ce même patriarche plus d'honneurs qu'il n'en avoit reçu des empereurs grecs : qu'il fit éventrer quatorze pages, pour ſavoir qui d'eux avoit mangé un melon, & qu'il coupa la tête à ſa maitreſſe pour réjouir ſes janiſſaires. Ces hiſtoires dignes de Robert-le-diable & de Barbe bleue, ſont vendues tous les jours avec approbation & privilége.

O ij

Des eſprits plus profonds ont imaginé une autre maniere de mentir. Ils ſe ſont établis héritiers de tous les grands miniſtres, & ſe ſont emparés de tous les teſtaments. Nous avons vû les teſtaments des Colbert & des Louvois, donnés comme des piéces authentiques par des politiques rafinés qui n'étoient jamais entrés ſeulement dans l'antichambre d'un bureau de la guerre ni des finances. Le teſtament du cardinal de Richelieu fait par une main un peu moins mal habile, a eu plus de fortune, & l'impoſture a duré très-longtems. C'eſt un plaiſir ſurtout de voir dans des recueils de harangues, quels éloges on a prodigués à l'*admirable* teſtament de cet *incomparable* cardinal : on y trouvoit toute la profondeur de ſon génie ; & un imbécile qui l'avoit bien lû & qui en avoit même fait quelques extraits, ſe croyoit capable de gouverner le monde.

J'eus quelques ſoupçons dès ma jeuneſſe, que l'ouvrage étoit d'un fauſſaire qui avoit pris le nom du cardinal de Richelieu pour débiter ſes rêveries ; je fis demander chez tous les héritiers de ce miniſtre, ſi on avoit quelque notion que le manuſcrit du teſtament eût jamais été dans leur maiſon ; on répondit unanimement que perſonne n'en avoit eu la moindre connaiſſance avant l'impreſſion. J'ai fait depuis les mêmes perquifitions , & je n'ai pas trouvé le moindre vestige du manufcrit ; j'ai confulté la biblio-théque du roi, les dépôts des miniftres , jamais je n'ai vû perfonne qui ait feulement entendu dire qu'on ait jamais vû une ligne du manufcrit du cardinal. Tout cela fortifia mes foupçons, & voici les préfomptions & les raifons qui me perfuadent que le cardinal n'a pas la plus petite part à cet ouvrage.

1°. Le teftament ne parut que 38 ans après la mort de fon auteur prétendu. L'éditeur dans fa préface ne dit point comment le manufcrit eft tombé dans fes mains. Si le manufcrit eût été authentique, il étoit de fon devoir & de fon intérêt d'en donner la preuve, de le dépofer dans quelque biblio-théque publique, de le faire voir à quelque homme en place. Il ne prend aucune de ces mefures, (que fans doute il ne pouvoit prendre) & cela feul doit lui ôter tout crédit.

2° Le ftile eft entierement différent de celui du cardinal de Richelieu. On a cru y reconnaître la main de l'abbé de Bourzeis , mais il eft plus aifé de dire de qui ce livre n'eft pas , que de prouver de qui il eft.

3°. Non-feulement on n'a pas imité le ftile du cardinal de Richelieu , mais on a

---

Une partie de ces réfléxions avoit déja paru dans les papiers publics.

l'imprudence de le faire ſigner *Armand Dupleſſis*, lui qui n'a de ſa vie ſigné de cette maniere.

4°. Dès le premier chapitre on voit une fauſſeté révoltante. On y ſuppoſe la paix faite, & non-ſeulement on étoit alors en guerre, mais le cardinal de Richelieu n'a-voit nulle envie de faire la paix. Une pareille abſurdité eſt une conviction manifeſte de faux.

5°. Aux louanges ridicules que le cardinal ſe donne à lui-même dans ce premier chapitre & qu'un homme de bon ſens ne ſe donne jamais, on ajoute une condamnation encore plus indécente de ceux qui étoient dans le conſeil quand le cardinal y entra. On y appelle le duc de Mantoue, *ce pauvre prince.* Quand on y mentionne les intrigues que trama la reine mere pour perdre le cardinal, on dit la *Reine* tout court, comme s'il s'agiſſoit de la reine épouſe du roi. On y nomme la marquiſe du Fargis, femme de l'ambaſſadeur en Eſpagne, & favorite de la reine mere, *la Fargis* comme, ſi le cardinal de Richelieu eût parlé de Marion de Lorme; il n'appartient qu'à quelques pédans groſſiers qui ont écrit des hiſtoires de Louis XIV. de dire la Monteſpan, la Maintenon, la Fontange, la Porſtmouth. Un homme de qualité & auſſi poli que le cardinal de Richelieu, n'eut pas aſſurément tombé dans de telles indécences. Je ne prétends pas donner à cette probabilité plus de poids qu'elle n'en a ; je ne la regarde pas comme une raiſon déciſive , mais comme une conjecture aſſez forte.

6°. Voici une preuve qui me paraît entierement convaincante. Le teſtament dit au chapitre premier , que les cinq dernieres années de la guerre ont couté chacune *ſoixante millions de livres* de ce tems-là , ſans moyens extraordinaires , & dans le chapitre neuf, il dit, qu'il entre dans l'épargne *trente-cinq millions* tous les ans. Que peut-on oppoſer à une contradiction ſi formelle ? n'y découvre-t'on pas évidemment un fauſſaire qui écrit à la hâte , & qui oublie au neuviéme chapitre ce qu'il a dit dans le premier.

7°. Quel eſt l'homme de bon ſens qui pourra penſer qu'un miniſtre propoſe au roi de réduire les dépenſes ſecrettes de ce qu'on appelle *comptant* à un million d'or ? Que veut dire ce mot vague un million d'or ? ces expreſſions ſont bonnes pour un homme qui compile l'hiſtoire ancienne ſans entendre ce que valent les eſpéces : eſt-ce un million de livres d'or , de marcs d'or , de louis d'or ? dans ce dernier cas , qui eſt le plus favorable , le million d'or comptant auroit monté à vingt-deux millions de nos livres numéraires d'aujourd'hui ; & c'étoit une plaifante réduction qu'une dépenfe qui auroit monté alors à près du tiers du revenu de l'état.

D'ailleurs eft-il croyable qu'un miniftre infifte fur l'abolition de ce comptant ? c'é- toit une dépenfe fecrette dont le miniftre étoit le maître abfolu. C'étoit le plus cher privilége de fa place.

L'affaire des comptans ne fit du bruit que du tems de la difgrace du célébre Fou- quet qui avoit abufé de ce droit du mi- niftère. Qui ne voit que le teftament pré- tendu du cardinal de Richelieu n'a été forgé qu'après l'avanture de Monfieur Fou- quet ?

8°. Eft-il encore d'un miniftre d'appeller les rentes conftituées au denier vingt *les rentes au denier cinq ?* Il n'y a pas de clerc de notaire qui tombât dans cette méprife abfurde. Une rente au denier cinq produi- roit la cinquiéme partie du capital. Un fond de cent mille francs produiroit vingt mille francs d'intérêt, il n'y a jamais eu de rentes à ce prix. Les rentes au denier vingt pro- duifent cinq pour cent, mais ce n'eft pas la le denier cinq. Il eft clair que le teftament eft l'ouvrage d'un homme qui n'avoit pas de rentes fur la Ville.

9°.

9°. Il paraît évident que tout le chapitre neuf, où il eft queftion de la finance, eft d'un faifeur de projets, qui dans l'oifiveté de fon cabinet, boulverfe paifiblement tout le fiftême du gouvernement, fuprime les gabelles, fait payer la taille au parlement, rembourfe les charges fans avoir dequoi les rembourfer. Il eft affurément bien étrange qu'on ait ofé mettre ces chimères fous le nom d'un grand miniftre, & que le public y ait été trompé. Mais où font les hommes qui lifent avec attention ? je n'ai gueres vû perfonne lire avec un profond examen autre chofe que les mémoires de fes propres affaires. Delà vient que l'erreur domine dans tout l'univers. Si l'on mettoit autant d'attention dans la lecture, qu'un bon économe en apporte à voir les comptes de fon maître d'hôtel, de combien de fottifes ne feroit-on pas détrompé ?

10°. Eft il vraifemblable qu'un homme d'état qui fe propofe un ouvrage auffi folide, dife que le roi d'*Efpagne en fecourant les huguenots, avoit rendu les Indes tributaires de l'enfer ; que les gens de palais mefurent la couronne du roi par fa forme qui étant ronde n'a point de fin ; que les élémens n'ont de pefanteur, que lorfqu'ils font en leur lieu ; que le feu, l'air ni l'eau ne peuvent foutenir un corps terreftre, parce qu'il eft*

P

pefant hors de fon lieu ; & cent autres ab-
furdités pareilles , dignes d'un profeffeur de
rhétorique de province dans le feiziéme fiécle , ou d'un répétiteur Irlandais qui difpute
fur les bancs.

11°. Se perfuadera-t'on que le premier
miniftre d'un roi de France ait fait un chapitre tout entier pour engager fon maître
à fe priver du droit de régale dans la moitié
des évêchés de fon royaume. Droits dont
les rois ont été fi jaloux ?

12°. Seroit-il poffible que dans un teftament politique adreffé à un prince âgé de
quarante ans paffés , un miniftre tel que le
cardinal de Richelieu eût dit tant d'abfurdi-
tés quand il entre dans les détails , & n'eût
en général annoncé que des vérités triviales,
faites pour un enfant qu'on éléve , & non
pour un roi qui régnoit depuis trente années. Il affure *que les rois ont befoin de con-*
feils ; qu'un confeiller d'un roi doit avoir
de la capacité & de la probité ; qu'il faut
fuivre la raifon , établir le régne de Dieu ;
que les intérêts publics doivent être préférés
aux particuliers ; que les flatteurs font dan-
gereux ; que l'or & l'argent font néceffaires.
Voilà de grandes maximes d'état à enfeigner
à un roi de quarante ans ! Voilà des vérités
d'une fineffe & d'une profondeur dignes du
cardinal de Richelieu !

13°. Qui croiroit enfin que le cardinal de Richelieu ait recommandé à Louis XIII. la pureté & la chafteté par fon teftament politique ? lui qui avoit eu publiquement tant de maîtreffes, & qui, fi l'on en croit les mémoires du cardinal de Rets & de tous les courtifans de ce tems-là, avoit porté la témérité de fes défirs jufqu'à des objets qui devoient l'effrayer & le perdre.

Qu'on pefe toutes ces raifons, & qu'après on attribue ce livre, fi on l'ofe, au cardinal de Richelieu.

On n'a pas été moins trompé au teftament de Charles IV. duc de Lorraine, on a cru y reconnaître l'efprit de ce prince, mais ceux qui étoient au fait y reconnurent l'efprit de M. de Chevremont qui le compofa.

Après ces faifeurs de teftaments viennent les auteurs d'anecdotes. Nous avons une petite hiftoire imprimée en 1700. de la façon d'une mademoifelle Durand, perfonne fort inftruite, qui porte pour titre : Hiftoire des amours de Grégoire VII. du cardinal de Richelieu, de la princeffe de Condé, & de la marquife Durfé. J'ai lû, il y a quelques années, les amours du révérend pere de la Chaife, confeffeur de Louis X V.

Une très-honorable dame réfugiée à la Haye, compofa au commencement de ce fiécle fix gros volumes de Lettres d'une dame de qualité de province, & d'une dame de qualité de Paris, qui ſe mandoient familierement les nouvelles du tems. Or, dans ces nouvelles du tems, je peux aſſurer qu'il n'y en a pas une de véritable. Toutes les prétendues avantures du chevalier de Bouillon, connu depuis ſous le nom de prince d'Auvergne, y ſont rapportées avec toutes leurs circonſtances. J'eus la curioſité de demander un jour à M. le chevalier de Bouillon, s'il y avoit quelque fondement dans ce que madame Dunoyer avoit écrit ſur ſon compte. Il me jura que tout étoit un tiſſu de fauſſetés. Cette dame avoit ramaſſé les ſottiſes du peuple, & dans les pays étrangers elles paſſoient pour l'hiſtoire de la cour.

Quelquefois les auteurs de pareils ouvrages font plus de mal qu'ils ne penſent. Il y a quelques années qu'un homme de ma connaiſſance ne ſachant que faire, imprima un petit livre dans lequel il diſoit qu'une perſonne célébre avoit péri par le plus horrible des aſſaſſinats : j'avois été témoin du contraire ; je repréſentai à l'auteur combien les loix divines & humaines l'obligeoient de ſe rétracter ; il me le promit : mais l'effet de ſon livre dure encore, & j'ai vû cette calomnie répétée dans de prétendues hiſtoires du ſiécle.

Il vient de paraître un ouvrage politique à Londres, la ville de l'univers où l'on débite les plus mauvaifes nouvelles, & les plus mauvais raifonnemens fur les nouvelles les plus fauffes. *Tout le monde fçait*, dit l'auteur (pag. 17,) *que l'empereur Charles VI. eft mort empoifonné dans de l'aqua tuffana; on fçait que c'eft un Efpagnol qui étoit fon page favori, & auquel il a fait un legs par fon teftament, qui lui donna le poifon. Les magiftrats de Milan qui ont reçu les dépofitions de ce page quelque tems avant fa mort & qui les ont envoyées à Vienne, peuvent nous apprendre quels ont été fes inftigateurs & fes complices, & je fouhaite que la cour de Vienne nous inftruife bientôt des circonftances de cet horrible crime.*

Je crois que la cour de Vienne fera attendre longtems les inftructions qu'on lui demande fur cette chimere. Ces calomnies toujours renouvellées me font fouvenir de ces vers :

Les oififs courtifans que leurs chagrins dévorent,
S'efforcent d'obfcurcir les aftres qu'ils adorent;
Si l'on croit de leurs yeux le regard pénétrant,
Tout miniftre eft un traitre & tout prince un tiran;
L'hymen n'eft entouré que de feux adulteres;
Le frere à fes rivaux eft vendu par fes freres;

Et fitôt qu'un grand roi penche vers fon déclin ,

Ou fon fils ou fa femme ont hâté fon deftin ...

Qui croit toujours le crime en paraît trop capable.

Voila comment font écrites les hiftoires prétendues du fiécle.

La guerre de 1702 & celle de 1741 , ont produit autant de menfonges dans les livres , qu'elles ont fait périr de foldats dans les campagnes ; on a redit cent fois & on redit encore , que le miniftere de Verfailles avoit fabriqué le teftament de Charles II. roi d'Efpagne. Des anecdotes nous apprennent que le dernier maréchal de la Feuillade manqua exprès Turin , & perdit fa réputation , fa fortune & fon armée par un grand trait de courtifan ; d'autres nous certifient qu'un miniftre fit perdre une bataille par politique. On vient de réimprimer dans les tranfactions de l'europe qu'à la bataille de Fontenoi nous chargions nos canons avec de gros morceaux de verre , & des métaux venimeux : que le général Cambel ayant été tué d'une de ces volées empoifonnées , le duc de Cumberland envoya au roi de France, dans un coffre, le verre & les métaux qu'on avoit trouvés dans fa plaie, qu'il mit dans ce coffre une lettre dans laquelle il difoit au Roy , *que les nations les plus barbares ne s'étoient jamais fervies de pareilles ar-*

mes , & que le Roy frémit à la lecture de
cette lettre. Il n'y a ni ombre de vérité ni de
vraifemblance à tout cela. On ajoute à ces
abfurdes menfonges , que nous avons maffa-
cré de fang froid les anglais bleffés qui refte-
rent fur le champ de bataille , tandis qu'il
eft prouvé par les regiftres de nos hôpitaux ,
que nous eûmes foin d'eux comme de nos
propres foldats. Ces indignes impoftures
prennent crédit dans plufieurs provinces de
l'europe , & fervent d'aliment à la haine des
nations.

Combien de mémoires fecrets , d'hiftoires
de campagnes , de journaux de toutes les fa-
çons , dont les préfaces annoncent l'impar-
tialité la plus équitable , & les connaiffances
les plus parfaites ? On diroit que ces ouvrages font faits par des plénipotentiaires à qui
les miniftres de tous les états & les généraux
de toutes les armées, ont remis leurs mémoires: Entrez chez un de ces grands plénipotentiaires , vous trouverez un pauvre fcribe
en robe de chambre & en bonet de nuit , fans
meubles & fans feu , qui compile & qui al-
tere des gazettes.

Quelquefois ces meffieurs prennent une
puiffance fous leur protection; on fait le con-
te qu'on a fait d'un de ces écrivains qui à la
fin d'une guerre demanda une récompenfe à
l'empereur Leopold, pour lui avoir entretenu

fur le Rhin une armée complette de cinquante mille hommes pendant cinq ans. Ils déclarent auffi la guerre & font des actes d'hoftilité, mais ils rifquent d'être traités en ennemis. Un d'eux nommé Dubourg, qui tenoit fon bureau dans Francfort, y fut malheureufement arrêté par un officier de notre armée en 1748, & conduit au mont S. Michel où il eft mort dans une cage. Mais cet exemple n'a point refroidi le magnanime courage de fes confreres.

Une des plus nobles fupercheries & des plus ordinaires, eft celle des écrivains qui fe transforment en miniftres d'état, & en feigneurs de la cour du pays dont ils parlent. On nous a donné une groffe hiftoire de Louis XIV. écrite fur les mémoires d'un miniftre d'état. Ce miniftre étoit un jéfuite chaffé de fon ordre, qui s'étoit réfugié en Hollande fous le nom de la Hode, qui s'eft fait enfuite fecrétaire d'état de France en Hollande pour avoir du pain.

Comme il faut toujours imiter les bons modéles, & que le chancelier Clarendon & le cardinal de Rets ont fait des portraits des principaux perfonnages avec lefquels ils avoient traité, on ne doit pas s'étonner que les écrivains d'aujourd'hui, quand ils fe mettent aux gages d'un libraire, commencent par donner tout au long des por-

traits fidéles des princes de l'Europe, des
miniftres, & des généraux dont ils n'ont jamais vû paffer la livrée. Un auteur anglais
dans les annales de l'Europe, imprimées &
réimprimées, nous affure que Louis XV.
n'a pas cet air de grandeur qui annonce un
roi. Cet homme affurément eft difficile en
phifionomies. Mais en récompenfe il dit que
le cardinal de Fleury avoit l'air d'une noble
confiance. Et il eft auffi éxact fur les caractères & fur les faits que fur les figures : il inftruit l'Europe que le cardinal de Fleury donna fon titre de premier miniftre (qu'il n'a jamais eû) à M. le comte de Touloufe. Il nous
apprend que l'on n'envoya l'armée du maréchal de Maillebois en Bohême, que parce
qu'une *demoifelle* de la cour avoit laiffé une
lettre fur fa table, & que cette lettre fit connaître la fituation des affaires ; il dit que le
comte d'Argenfon fuccéda dans le miniftère
de la guerre à M. Amelot. Je crois que fi on
vouloit raffembler tous les livres écrits dans
ce goût, pour fe mettre un peu au fait des
anecdotes de l'europe, on feroit une biblio-
theque immenfe, dans laquelle il n'y auroit
pas dix pages de vérité.

Une autre partie confidérable du commerce du papier imprimé, eft celle des livres
qu'on a appellés Polémiques, par excellen-
ce ; c'eft-à-dire, de ceux dans lefquels on

dit des injures à ſon prochain pour gagner de l'argent. Je ne parle pas des factums des avocats qui ont le noble droit de décrier tant qu'ils peuvent la partie adverſe, & de diffamer loyallement des familles ; je parle de ceux qui en Angleterre, par exemple, excités par un amour ardent de la patrie, écrivent contre le miniſtère des Philippiques de Démoſtènes dans leurs greniers. Ces piéces ſe vendent deux ſous la feuille, on en tire quelquefois quatre mille exemplaires, & cela fait toujours vivre un citoyen éloquent un mois ou deux. J'ai oüi conter à M. le chevalier Walpole, qu'un jour un de ces Démoſtènes à deux ſous par feuille n'ayant point encore pris de parti dans les différens du parlement, vint lui offrir ſa plume pour écraſer tous ſes ennemis ; le miniſtre le remercia poliment de ſon zéle, & n'accepta point ſes ſervices. Vous trouverez donc bon, lui dit l'écrivain, que j'aille offrir mon ſecours à votre antagoniſte M. Pultney. Il y alla auſſi-tôt, & fut éconduit de même. Alors il ſe déclara contre l'un & l'autre ; il écrivoit le lundi contre M. Walpole, & le mercredi contre M. Pultney. Mais après avoir ſubſiſté honorablement les premieres ſemaines, il finit par demander l'aumône à leurs portes.

Le célébre Pope fut traité de ſon tems

comme un miniſtre ; ſa réputation fit juger
à beaucoup de gens de lettres, qu'il y auroit
quelques choſes à gagner avec lui. On imprima à ſon ſujet pour l'honneur de la littérature & pour avancer les progrès de l'eſprit humain, plus de cent libelles dans leſquels on lui prouvoit qu'il étoit athée ; &
ce qui eſt plus fort, en Angleterre on lui
reprocha d'être catholique. On aſſura quand
il donna ſa traduction d'Homere, qu'il
n'entendoit point le grec, parce qu'il étoit
puant & boſſu. Il eſt vrai qu'il étoit boſſu,
mais cela n'empêchoit pas qu'il ne ſût très-
bien le grec, & que ſa traduction d'Homere
ne fut fort bonne. On calomnia ſes mœurs,
ſon éducation, ſa naiſſance ; on s'attaqua à
ſon pere & à ſa mere. Ces libelles n'avoient
point de fin. Pope eut quelquefois la faibleſſe
de répondre, cela groſſit la nuée des libelles. Enfin il prit le parti de faire imprimer
lui-même un petit abrégé de toutes ces belles piéces. Ce fut un coup mortel pour les
écrivains qui juſques-là avoient vécu aſſez
honnêtement des injures qu'ils lui diſoient ;
on ceſſa de les lire, & on s'en tint à l'abrégé, ils ne s'en relevèrent pas.

J'ai été tenté d'avoir beaucoup de vanité
quand j'ai vû que nos grands écrivains en
uſoient avec moi comme on en avoit agi
avec Pope. Je peux dire que j'ai valu des

honoraires aſſez paſſables, à plus d'un auteur. J'avois, je ne ſai comment, rendu à
l'illuſtre abbé Desfontaines un léger ſervice. Mais comme ce ſervice ne lui donnoit
pas dequoi vivre, il ſe mit d'abord un peu
à ſon aiſe, au ſortir de la maiſon dont je
l'avois tiré, par une douzaine de libelles
contre moi, qu'il ne fit à la vérité que pour
l'honneur des lettres & par un excès de zéle
pour le bon goût. Il fit imprimer la Henriade, dans laquelle il inſéra des vers de ſa
façon, & enſuite il critiqua ces mêmes vers
qu'il avoit faits. J'ai ſoigneuſement con-
ſervé une lettre que m'écrivit un jour un
auteur de cette trempe. *Monſieur, j'ai fait*
imprimer un Libelle contre vous, il y en a
quatre cens exemplaires ; ſi vous voulez
m'envoyer 400. liv. je vous remettrai tous
les exemplaires fidélement. Je lui mandai que
je me donnerois bien de garde d'abuſer de
ſa bonté, que ce ſeroit un marché trop dé-
ſavantageux pour lui, & que le débit de ſon
livre lui vaudroit beaucoup davantage ; je
n'eus pas lieu de me repentir de ma généro-
ſité.

Il eſt bon d'encourager les gens de lettres inconnus, qui ne ſavent où donner
de la tête. Une des plus charitables actions qu'on puiſſe faire en leur faveur,
eſt de donner une tragédie au public. Tout

auffi-tôt vous voyez éclore des Lettres à
des dames de qualité ; Critique impar-
tiale de la piéce nouvelle ; Lettre d'un ami
à un ami ; Examen réfléchi ; Examen par
fcènes : & tout cela ne laiffe pas de fe
vendre.

Mais le plus fur fecret pour un honnête
libraire, c'eft d'avoir foin de mettre à la
fin des ouvrages qu'il imprime , toutes
les horreurs & toutes les bétifes qu'on a
imprimées contre l'auteur. Rien n'eft plus
propre à piquer la curiofité du lecteur &
à favorifer le débit : je me fouviens que
parmi les déteftables éditions qu'on a faites en Hollande de mes prétendus ouvrages , un éditeur habile d'Amfterdam voulant faire tomber une édition de la Haye,
s'avifa d'ajouter un recueil de tout ce qu'il
avoit pu ramaffer contre moi. Les premiers
mots de ce recueil difoient *que j'étois un chien*
rogneux. Je trouvai ce livre à Magdebourg
entre les mains du maître de la pofte , qui ne
ceffoit de me dire combien il trouvoit ce petit
morceau éloquent.

En dernier lieu, deux libraires d'Amfterdam pleins de probité , après avoir défiguré
tant qu'ils avoient pû la Henriade & mes
autres pieces , me firent l'honneur de m'é-
crire que fi je permettois qu'on fit à Drefde
une meilleure édition de mes ouvrages qu'on

avoit entrepriſe alors , ils ſeroient obligés en
conſcience d'imprimer contre moi un volume
d'injures atroces , avec le plus beau papier ,
la plus grande marge & le meilleur caractère
qu'ils pourroient. Ils m'ont tenu fidélement
parole. Ils ont eu même l'attention d'envoyer
leur beau recueil à un des plus reſpectables
monarques de l'Europe , à la cour duquel
j'avois alors l'honneur d'être. Le prince a jet-
té leur livre au feu , en diſant qu'il falloit
traiter ainſi meſſieurs les éditeurs. Il eſt vrai
qu'en France ces honnêtes gens ſeroient envoyés aux galeres. Mais ce ſeroit trop gêner
le commerce qu'il faut toujours favoriſer.

PRIVILEGE DU ROI.

LOUIS, PAR LA GRACE DE DIEU, ROI DE FRANCE ET DE NAVARRE, A nos amés & feaux Conseillers les Gens tenans nos Cours de Parlement, Maîtres des Requêtes ordinaires de notre Hôtel, Grand-Conseil, Prevôt de Paris, Baillifs, Sénéchaux, leurs Lieutenans Civils & autres nos Justiciers qu'il appartiendra ; SALUT : Notre bien amé le sieur LE MERCIER Nous a fait exposer qu'il desireroit faire imprimer & donner au Public un ouvrage qui a pour titre : *Sémiramis, Tragédie*, s'il Nous plaisoit lui accorder nos Lettres de Permission pour ce nécessaires ; A CES CAUSES, voulant favorablement traiter l'Exposant, Nous lui avons permis & permettons par ces Présentes, de faire imprimer ledit ouvrage en un ou plusieurs volumes, & autant de fois que bon lui semblera, & de le vendre, faire vendre & débiter par tout notre Royaume, pendant le tems de trois années consécutives, à compter du jour de la date desdites Présentes. Faisons défenses à tous Libraires, Imprimeurs, & autres personnes, de quelque qualité & condition qu'elles soient, d'en introduire d'impression étrangere dans aucun lieu de notre obéïssance : à la charge que ces Présentes feront enregistrées tout au long sur le Registre de la Communauté des Libraires & Imprimeurs de Paris, dans trois mois de la date d'icelles ; que l'impression dudit ouvrage sera faite dans notre Royaume, & non ailleurs, en bon papier & beaux caracteres, conformément à la feuille imprimée, attachée pour modéle sous le contre-scel des Présentes, que l'Impétrant se conformera en tout aux Réglemens de la Librairie, & notamment à celui du 10 Avril 1725. qu'avant de l'expofer en vente, le Manufcrit qui aura fervi de Copie à l'impreffion dudit ouvrage, fera remis dans le même état où l'Approbation y aura été donnée, ès mains de notre très-cher & féal Chevalier, le Sieur DAGUESSEAU, Chancelier de France, Commandeur de nos Ordres, & qu'il en fera enfuite remis deux Exemplaires dans notre Bibliothéque publique; un dans celle de notre Château du Louvre, & un dans celle de notredit très-cher & féal Chevalier le Sieur DAGUESSEAU, Chancelier de France, le tout à peine de nullité defdites Préfentes. Du contenu defquelles vous mandons & enjoignons de faire jouir ledit Expofant, & fes ayans caufes, pleinement & paifiblement, fans fouffrir qu'il leur foit fait aucun trouble ou empêchement. Voulons qu'à la Copie des Préfentes, qui fera imprimée tout au long au commencement ou à la fin dudit ouvrage foi foit ajoutée comme à l'Original : Commandons au Premier notre Huiffier ou Sergent fur ce requis, de faire pour l'éxécution d'icelles tous actes requis & néceffaires, fans demander autre permiffion, & nonobftant clameur de Haro, Charte Normande, & Lettres à ce contraires : CAR tel eft notre plaifir. DONNÉ à Paris le quatorziéme jour du mois d'Avril, l'an de grace mil fept cent quarante-neuf, & de notre Régne le trente-quatriéme. Par le Roi en fon Confeil.

Signé S A I N S O N.

Regiftré fur le Regiftre XII. de la Chambre Royale des Libraires & Imprimeurs de Paris, No. 233. fol. 225. conformément aux anciens Réglemens confirmés par celui du 28. Février 1723. A Paris, le 28. Avril 1749.

Signé, G. CAVELIER, Syndic.

APPROBATION.

J'Ai lû par l'ordre de Monseigneur le Chancelier un Manuscrit qui a pour titre, *Sémiramis*, *Tragédie*. Fait à Paris, ce vingt-huit Mars 1740.

Signé, JOLLY.

PRIVILEGE DU ROI.

LOUIS, PAR LA GRACE DE DIEU, ROI DE FRANCE ET DE NAVARRE, A nos amés & feaux Conseillers les Gens tenans nos Cours de Parlement, Maîtres des Requêtes ordinaires de notre Hôtel, Grand-Conseil, Prevôt de Paris, Baillifs, Sénéchaux, leurs Lieutenans Civils & autres nos Justiciers qu'il appartiendra ; SALUT : Notre bien amé le sieur LE MERCIER, Imprimeur-Libraire à Paris, ancien Adjoint de sa Communauté, Nous a fait exposer qu'il desireroit faire imprimer & donner au Public un ouvrage qui a pour titre : *Sémiramis, Tragédie*, s'il Nous plaisoit lui accorder nos Lettres de Permission pour ce nécessaires ; A CES CAUSES, voulant favorablement traiter l'Exposant, Nous lui avons permis & permettons par ces Présentes, de faire imprimer ledit ouvrage en un ou plusieurs volumes, & autant de fois que bon lui semblera, & de le vendre, faire vendre & débiter par tout notre Royaume, pendant le tems de trois années consécutives, à compter du jour de la date desdites Présentes. Faisons défenses à tous Libraires, Imprimeurs, & autres personnes, de quelque qualité & condition qu'elles soient, d'en introduire d'impression étrangere dans aucun lieu de notre obéissance : à la charge que ces Présentes seront enregistrées tout au long sur le Registre de la Communauté des Libraires & Imprimeurs de Paris, dans trois mois de la date d'icelles ; que l'impression dudit ouvrage sera faite dans notre Royaume, & non ailleurs, en bon papier & beaux caracteres, conformément à la feuille imprimée, attachée pour modéle sous le

Contre-scel des Préfentes, que l'Impétrant fe conformera en tout aux Réglemens de la Librairie, & notamment à celui du 10 Avril 1725. qu'avant de l'expofer en vente, le Manufcrit qui aura fervi de Copie à l'impreffion dudit ouvrage, fera remis dans le même état où l'Approbation y aura été donnée, ès mains de notre très-cher & féal Chevalier, le fieur DAGUESSEAU, Chancelier de France, Commandeur de nos Ordres, & qu'il en fera enfuite remis deux Exemplaires dans notre Bibliothéque publique; un dans celle de nôtre Château du Louvre, & un dans celle de notredit très-cher & féal Chevalier le Sieur DAGUESSEAU, Chancelier de France, le tout à peine de nullité defdites Préfentes. Du contenu defquelles vous mandons & enjoignons de faire jouir ledit Expofant, & fes ayans caufés, pleinement & paifiblement, fans fouffrir qu'il leur foit fait aucun trouble ou empêchement. Voulons qu'à la Copie des Préfentes, qui fera imprimée tout au long au commencement ou à la fin dudit ouvrage, foit foit ajoutée comme à l'Original : Commandons au premier notre Huiffier ou Sergent fur ce requis, de faire pour l'exécution d'icelles tous actes requis & néceffaires, fans demander autre permiffion, & nonobftant clameur de Haro, Charte Normande, & Lettres à ce contraires : CAR tel eft notre plaifir. DONNE' à Paris, le quatorziéme jour du mois d'Avril, l'an de grace mil fept cent quarante-neuf, & de notre Régne le trente-quatriéme. Par le Roi en fon Confeil.

Signé, SAINSON.

Regiftré fur le Regiftre XII. de la Chambre Royale des Libraires & Imprimeurs de Paris, N°. 133. fol. 125. conformément aux anciens Réglemens confirmés par celui du 28 Février 1723. A Paris, le dix-huit Avril mil fept cent quarante-neuf.

Signé, G. CAVELIER, Syndic.

www.ingramcontent.com/pod-product-compliance
Lightning Source LLC
Chambersburg PA
CBHW072019080426
42733CB00010B/1760